DIÁRIO DE LUKAS

Publicações
Pão Diário

Copyright © 2020 Edson Block
Impresso com permissão
Todos os direitos reservados

Coordenação editorial: Dayse Fontoura
Revisão: Dalila de Assis, Dayse Fontoura, Lozane Winter
Capa: Audrey Novac Ribeiro
Ilustração: Roberto Zoellner

Dados Internacionais de Catalogação na Publicação (CIP)

Block, Edson
Diário de Lukas
Curitiba/PR, Publicações Pão Diário.
1. Diário   2. Infantojuvenil   3. Vida cristã

Proibida a reprodução total ou parcial, sem prévia autorização, por escrito, da editora. Todos os direitos reservados e protegidos pela Lei 9.610, de 19/02/1998.
Permissão para reprodução: permissao@paodiario.org

Publicações Pão Diário
Caixa Postal 4190,
82501-970 Curitiba/PR, Brasil
publicacoes@paodiario.org
www.publicacoespaodiario.com.br
Telefone: (41) 3257-4028

Z9735
ISBN: 978-1-64641-019-4
1.ª edição: 2020

Impresso na China

INTRODUÇÃO

Se você adquiriu este livro achando que ele é um diário de adolescente, parabéns, você acertou em cheio! Se você espera ler revelações bombásticas acerca da minha vida, também acertou. Se você espera encontrar aqui situações que sejam parecidas com a tua vida, você também acertou. Agora, se você está achando que vai encontrar aqui soluções para os seus problemas existenciais... Errooooouuuuu!

Eu nunca havia pensado em escrever as minhas memórias, até que um dia, numa livraria, dei de cara com uma porção de diários. Eram de tudo quanto é tipo, parecia até uma salada de frutas (espero que você entenda a ironia rsrsrs).

Pensei comigo que se tanta gente pode, então eu também posso. Resolvi escrever para poder desabafar um pouco as minhas angústias, sem precisar alugar os ouvidos de outra pessoa. Além de escrever, como eu tenho um pouco de habilidade em desenho (pode elogiar depois), fui ilustrando a maioria das situações do diário.

Espero que você goste e fale para todos os seus amigos para eles comprarem também. Vai que assim, enquanto você se diverte com minhas aventuras, eu acabo ficando famoso.

Respire fundo, e seja bem-vindo à minha vida!

Ah! Você já deve ter reparado na capa que o meu nome é Lukas, certo?

FÉRIAS FRUSTRADAS

Depois de meses de aula, eu não consigo pensar em outra coisa que não sejam as férias! Não ter hora para acordar é bom demais! Até gosto dos meus professores, mas quando chega janeiro, até esqueço quem são.

Dessa vez, minhas férias não começaram lá muito normais não. Meus pais decidiram viajar para uma cidade pequena, colonizada por alemães, que fica em outro estado.

Quando chegamos lá, paramos para fazer um lanche, e adivinha? O lugar era bem diferente. O restaurante parecia uma grande casa de interior, só que do interior da Alemanha. Eu estranhei o nome das comidas, mas eram tão gostosas que me acabei comendo!

No hotel, enquanto meus pais ajeitavam as coisas, eu e meu irmão Marcos vestimos nossos calções de banho e corremos para a piscina. Dei um baita salto pra dentro dela que jogou água para tudo que é lado.

Enquanto limpava a água do meu rosto e ainda dava risada, eu escutei um "aham!" atrás de mim. Virei para ver quem era... e me arrependi na hora!

Acredite se quiser, mas lá num outro estado, numa cidadezinha de alemães, perdida no meio de morros, na piscina do hotel, lá estava ela...

MINHA PROFESSORA... a dona Lourdes!

Cara, ninguém merece passar por isso! É desumano demais!

Eu preferia encarar um tubarão na piscina do que dar de cara com aquele olhar...

Best Friend

Abri o meu sorrisão cheio de dentes e disparei um...

Oi... profe!

Ela respondeu com um seco

Boa tarde, Sr. Lukas!

Tive que segurar a minha onda para não rir, pois ela estava usando um maiô preto com bolinhas brancas. Cara, quem nesse planeta usa uma coisa dessas?

Na maior, eu peguei meu irmão e vazamos logo dali, antes que ela começasse a dar aula de geografia no meio da piscina.

UM POUCO DE SORTE VAI BEM

Por causa da dona Lourdes-Tubarão, não fui mais na piscina no primeiro dia. Sabe como é... os tubarões costumam ser violentos.

Mas pense na minha alegria quando na manhã do dia seguinte, ela veio até a mesa onde estávamos tomando café e se despediu dos meus pais, dizendo que sua temporada no hotel acabara.

Uhúúú, piscina liberada.

Ficamos nessa cidade mais quatro dias, e depois fomos para o melhor paraíso onde se pode estar:

PRAIA!

Sim, meu paizão alugou uma casa muito legal que ficava de frente para o mar. Ficamos ali durante 15 longos e maravilhosos dias. Todo dia de manhã eu e minha mãe saímos para catar conchas na praia. Foram tantas que consegui até fazer uma coleção.

Fazer os castelos foi muito legal. Teve um dia que por pouco, mas muito pouco mesmo que eu não enterrei o meu irmão Marcos debaixo de um deles... rsrsrsrs

Jogar frescobol com a galera foi um pouco mais complicado, mas depois de um tempo, até que peguei o jeito.

Pela primeira vez eu fui no tal do banana boat. Eu vou te contar uma real: se não segurar com firmeza nesse bicho, o tombo é certo. Eu mesmo caí uma porção de vezes até pegar a manha.

Minha mãe me ensinou a tomar cuidado com o sol, para não ter queimaduras na pele etc. e tal. Aí foi protetor solar por todo corpo. Mas fiquei tanto tempo brincando, que acabei virando um ruivo sardento bronzeado. Mó charmosão.

AMIGOS, AMIGOS, APELIDOS À PARTE

Logo depois que voltamos da praia, eu conheci um novo morador aqui da rua, e apesar dele ser meio quietão, acho que vamos nos dar muito bem, e se ele se comportar legal, podemos até virar amigos... quem sabe? Ele disse que seu nome era Davi, mas como ele é baixinho e narigudo, já tasquei nele o apelido de Gnomo. Ele não esboçou qualquer reação... isso é meio suspeito.

Por falar em amigos, eu tenho muitos, mas muitos mesmo. A galera da escola é bastante agitada e sempre tem gente nova chegando.

O Beto e a Aninha são meus vizinhos do lado de casa, cada um de um lado. Tem também os amigos da igreja onde vou com minha família. Estou cercado de amigos por todos os lados.

AMIGOS PARA SEMPRE!

Dos meus amigos da escola, três moram perto da minha casa. É um pessoal muito especial para mim, tipo assim, são como se fossem meus irmãos, de tão chegados que somos. Na real, eles são até mais do que irmãos, pois o Marcos, meu irmãozinho, ainda é um pirralho e não é meu parceiro, como esse pessoal que vou apresentar para você agora. Pra facilitar vou desenhar a estampa deles.

Esse é o grande GOIABA. Pense num cara animado... é ele!

O BIGODE até parece ser sério, mas não se impressione com isso.

Se você acha que tem amigos estranhos, é porque você ainda não conhece o MENHOCA.

Eu te assustei, não é mesmo? Bem, na realidade os meus amigos não são daquele jeito não. Agora vou desenhar eles direitinho, mesmo sabendo que não vai melhorar muito a estampa deles...rsrsrs

O Goiaba, gordinho como a fruta e sempre animado.

O Bigode, se você reparar bem, tem uma sugeirinha debaixo do nariz...rsrsrs

O Menhoca. Não, eu não errei a escrita, pois é "Menhoca" mesmo. Não me pergunte porque o apelido dele é assim, pois pelo que sei, isso já vem desde berço.

MUDANÇA DE ESCOLA

Hoje à noite, teve uma reunião aqui em casa. Toda vez que meus pais fazem isso, acaba sobrando pra mim. É a maldição de filho mais velho. Lembro bem que da última vez, eu ganhei o posto de "cortador oficial de grama da família".

E dessa vez não foi diferente. Fui avisado que neste ano vou ter de mudar de escola. Quando fiz a besteira de perguntar o porquê, ganhei de graça uma aula sobre economia, situação financeira do país...

Enquanto meus pais faziam um discurso sobre a importância de uma nova escola, eu estava com o pensamento longe, nem aí para a conversa toda. Mas, de repente, minha mãe falou a frase que me fez voltar ao mundo real.

Lembram que eu escrevi que tinha muitos amigos na escola? Pois é... numa única frase minha mãe zerou o placar... deu game over nas minhas amizades... acabou com o meu universo...

Nem o Thanos seria tão cruel!

PLANO DE FUGA

Nem preciso falar que dormi muito mal por causa dessa história. A primeira coisa que fiz pela manhã foi marcar uma reunião do Quarteto Fantástico para resolvermos o problema.

Ah, esqueci de mencionar que o quarteto é composto por: Goiaba, Bigode, Menhoca e Sardinha. Sardinha é o apelido que me deram por causa das sardas que tenho no meu rosto. Aposto que você nem tinha notado...

Certeza de que com a ajuda dos meus amigos, eu vou conseguir escapar dessa fria.

Montamos então um plano de fuga, onde eu iria para bem longe por uns 15 dias. Depois desse tempo todo, com certeza a escola nova chamaria outro aluno para minha vaga e eu voltaria para a minha boa e velha escola, junto aos meus amigos. Plano perfeito!

Todos gostaram da ideia, mas a coisa complicou quando o Menhoca, sempre ele, nos lembrou que eu iria precisar de muita grana para fugir e também para comer nesses 15 dias. Juntamos todas as nossas economias... bem... só foi o suficiente para uma passagem de ônibus e um x-salada. Foi nesse momento que percebemos que gastamos muito rápido a nossa mesada.

Sem mais nenhuma grande ideia para me salvar, cada um voltou para sua casa, e eu fui olhar no calendário quanto tempo de vida eu ainda tinha. Faltavam 15 dias para o começo das aulas. Bem, creio que chegou a hora de eu fazer o meu testamento.

A VINGANÇA DA BISAVÓ

Este é o meu companheiro de todos os infortúnios, meu amigão, o Rusty. Ele é tão feio que chega a ser bonito... pelo menos eu acho. O Goiaba me perguntou uma vez por que um nome americano, tão estranho para um cachorro. O dele se chama Totó... pense num nome sem personalidade.

Aí contei a ele que o nome Rusty foi dado pela minha bisavó, que fez do jeito dela, uma pequena vingança. Ela me contou que antigamente havia um seriado na TV de um cachorro chamado Rin-Tin-Tin.

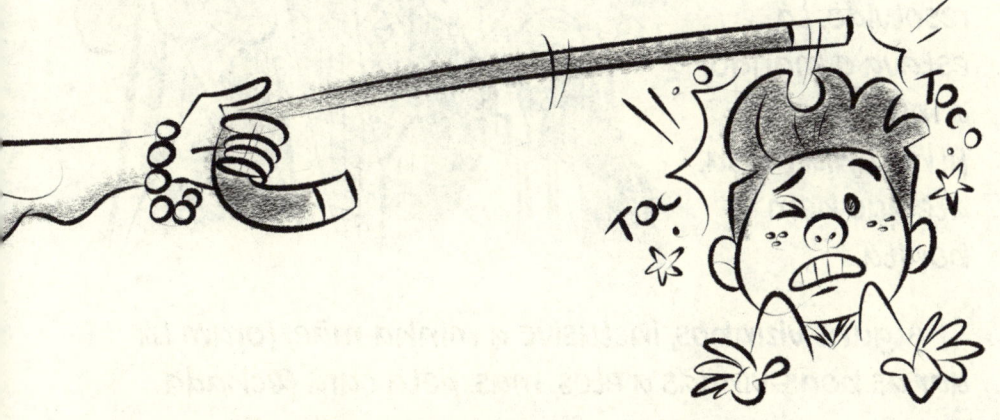

Pensa num nome esquisito! Mas a gente não se atrevia a contrariar a Bisa, senão a velha bengala dela comia solto. Pois o dono do tal Rin-Tin-Rin chamava-se Rusty. Entendeu a ironia que ela fez?

ESTRANHOS NO NINHO

Temos novidade na rua. A casa que fica em frente à minha estava para vender, e ao que parece alguém comprou. Hoje o caminhão de mudança chegou e passaram boa parte do dia descarregando móveis... geladeira, fogão, muitas caixas etc. e tal. Nunca imaginei que numa casa coubesse tanta coisa.

Tinha muita gente entrando e saindo, então ficou difícil saber quem é que iria morar na casa. Depois que o caminhão foi embora, problema resolvido. Lá estava o marido, a mulher e a filha, uma moça, até que bem bonita.

Alguns vizinhos, inclusive a minha mãe, foram lá dar as boas-vindas a eles, mas, pela cara fechada que fizeram, acho que não gostaram muito. Eles desconversaram e entraram logo na casa, fechando as portas e as janelas. O pessoal ficou super sem jeito, pois estão acostumados a vizinhos novos mais simpáticos. Ficou o maior climão e a vizinhaça tratou de se mandar.

O Quarteto Fantástico (é nóis) estava reunido, assistindo tudo. Quando os adultos foram embora, resolvemos que ficaríamos de olho nesse pessoal novo, pois algo estava muito estranho.

Quando passei pelo portão da minha casa, dei uma última olhada na direção da casa desses vizinhos.

Tomei um susto, pois não é que o homem estava paradão olhando pela janela, tipo assim, me cuidando? Tratei de puxar o carro e entrar logo, mas fiquei com a certeza de que daquele mato ainda sairia coelho. Ué, o certo não é o coelho sair da cartola? Ah, você entendeu, não é mesmo?

PRIMEIRO DIA NA EBD

No meio da semana, nós voltamos das férias, e hoje, domingo, é dia de rever o pessoal da nossa igreja. Este ano a EBD vai ser muito legal, pois quem vai dar aula para mim é a tia Daia. O nome dela é Daiana, mas todos a chamam de Daia porque ela gosta.

Pra você que não é acostumado com igreja, EBD é a sigla de Escola Bíblica Dominical, onde aprendemos sobre o amor de Deus, Jesus e a Bíblia.

Todos que tiveram aula com ela dizem que ela é o máximo, que explica tudo de uma forma muito legal. Eu ouvi umas meninas ano passado falarem que nas aulas dela rolam as melhores histórias da Bíblia, tipo assim, altas aventuras, com direito a explicações detalhadas. É isso mesmo que eu quero, pois já cansei de ficar fazendo brincadeirinha de criança, pintando livrinhos e montando coisinhas. O que eu quero mais é Bíblia.

Ela entrou na sala de aula toda sorridente cumprimentando cada um de nós. Fala sério, ela é muito simpática.

Como hoje foi o primeiro dia de aula, a tia Daia disse que era importante que a turma se conhecesse melhor, pois tinha gente nova no pedaço, quer dizer, na igreja...

Cada um de nós se levantou e disse seu nome, filho de quem era, o que gosta de fazer, como foram as férias e também o que já entende da Bíblia etc. e tal. Por último, a tia Daia se apresentou também e falou um pouco sobre ela.

No final da aula, ela avisou que no primeiro semestre vamos estudar a vida de alguns dos grandes personagens da Bíblia, e que vamos começar por Noé. A tia Daia sugeriu que a gente lesse a história, para entender melhor a aula do próximo domingo.

DEUS ME AJUDE

Eu não deveria estar contando isso para você, mas vamos lá... afinal essa é a ideia do diário, não é mesmo? Como amanhã é o meu dia "D", ou seja, vou para uma nova escola, hoje eu resolvi apelar para Deus.

Fechei a porta do meu quarto, me ajoelhei ao lado da cama e não tive dúvida: mandei ver na choradeira.

Falei pra Deus do medo que estou sentindo quando penso que vou para um lugar onde não conheço ninguém, onde não tenho um amigo sequer. E se eles não gostarem de mim? Se ficarem zombando do meu cabelo ruivo e das sardas na minha cara?

Ah Deus, me livra dessa! Faz aí um milagre qualquer e me ajuda vai. Eu prometo que vou ser um cara legal. Prometo que vou obedecer meus pais e não vou mentir mais. Acho que a minha ficha está suja com o poderoso, pois em resposta à minha oração, só rolou um baita silêncio...

HOJE É O DIA!

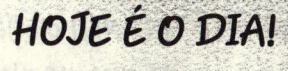

Acordei com a sensação de que o apocalipse havia chegado. Enquanto tomava banho e depois ao me vestir, eu não conseguia pensar em outra coisa que não fosse a nova escola.

No mínimo a fachada deveria ser parecida com o castelo do Drácula, com direito a morcegos e tudo mais.

Se você nunca trocou de escola, então não sabe o que eu estou sentindo agora. É muito pra minha cabeça. E se a escola provavelmente vai ser desse jeito, já estou imaginando como devem ser os professores.

Os professores com certeza seriam algum tipo de zumbi disfarçados que de cara iriam acabar com a minha vida. Até posso ver eles se deliciando com o meu pobre cérebro...

Mas o que mais estava me dando medo era de como seriam os alunos de lá. Aliens... sim, essa é sem dúvida a melhor definição do que eu vou encontrar por lá. Com certeza eles vão me matar, me sacrificar em nome da ciência ou serei morto em algum ritual macabro. Os Aliens são criaturas medonhas, sem dó nem piedade. É o meu fim!

INDO PARA A EXECUÇÃO!

Enquanto tomava o café da manhã com minha família, eu tive a certeza de que Deus me abandonou, pois meus pais não falaram nenhuma palavra a respeito do assunto. Para eles eu devo ir para a escola nova, como se não houvesse problema algum.

Deus me abandonou à própria sorte... eu já era. Esse diário vai ser mais curto do que eu imaginava. Triste sina a minha.

No carro, enquanto me levava para a escola, meu pai puxou conversa, tentando me animar, me contando como ele foi feliz em seu tempo de escola e que quando ele teve que mudar, gostou de conhecer gente nova.

Nossos pais não deveriam tentar nos enganar desse jeito. Ninguém nesse mundo é feliz deixando seus amigos para trás e encarando um bando de Aliens selvagens.

Quando chegamos eu saí do carro e me despedi do meu pai da maneira mais seca possível, para ele perceber que estava me jogando aos leões, ou melhor, aos alienígenas.

Quase falei para ele que era bem possível que essa seria a última vez que ele me traria até escola, mas fiquei na minha, já tinha problemas demais para resolver.

AS BOAS-VINDAS

Olhei para o chão e mandei ver, caminhando para o que parecia ser o prédio principal. Percebi que por todos os alunos que eu passava, eles cochichavam e começavam a rir. Isso foi acabando com a minha paciência dum jeito...

Quando eu estava perto da entrada do prédio meu pavio apagou, virei para os três por quem eu tinha passado e que estavam rindo e encarei.

Perguntei por que os otários estavam rindo. Um deles, todo engomadinho, veio para perto de mim e perguntou se eu realmente queria isso.

Eu perguntei do que ele estava falando.

Que bobeira eu dei!

Sem aviso algum, um deles deu a volta e veio por trás de mim. É frustrante contar pra você, mas eu acabei tomando um tremendo chute no traseiro, tão forte que me estatelei na grama, com mochila e tudo.

Foi uma cena patética, tanto que na hora formou uma rodinha em minha volta, tipo assim, todo mundo querendo ver quem tinha aterrissado no chão.

O maior vexame nem foi com os caras que estavam me encarando e, sim, quando as meninas chegaram junto. Sem dó nem piedade elas riram e zombaram um monte de mim. Eu não sabia mais onde enfiar a minha cara, de tanta vergonha.

Levantei e olhei para o cara que tinha falado comigo e perguntei qual era a deles em me agredir daquela forma. A resposta foi bem pior do que eu poderia imaginar.

O engomadinho veio pra junto de mim e arrancou alguma coisa que estava grudada na minha mochila. Ele falou que só tinham me dado o que eu havia pedido e me entregou o papel e disse:

Todos eles caíram na maior gargalhada, como se o meu apelido fosse a coisa mais engraçada que eles ouviram neste mundo.

Do nada eu me toquei de uma coisa. Eita, mas como é que esses malucos sabiam do meu apelido? Eu olhei para o papel que o engomadinho me deu e vi o que estava escrito nele:

Isso com certeza é obra do meu irmão Marcos! Na boa, eu vou descer o braço no meu irmão!

Pra quem não sabe, isso significa que ele vai levar uma surra.

LINHA DE FRENTE

Como não queria que ficassem me olhando na sala de aula, fui um dos primeiros a entrar. Escolhi uma carteira na última fileira para ficar bem susse no fundão, assim não seria notado.

Minha estratégia deu errado, pois o pessoal foi entrando e de cara um grandão me enxotou do lugar, dizendo que era dele. Tentei achar outro, mas a galera ia entrando e me expulsando dos melhores lugares. No final das contas, sobrou para mim a primeira fila... cara a cara com a mesa da professora.

Do meu lado direito, estava sentada uma menina meio estranha, com um óculos fundo de garrafa numa cara enorme de bochechas rosadas. Ela parecia muito alegre por estar na sala de aula, e principalmente na primeira fila. Quando olhei, nem deu tempo de piscar, pois ela me fulminou com seu olhar de aluno caxias e disparou o seu nome: Suzi. Ela com toda certeza só pode ser um Alien disfarçado.

CERCADO POR TODOS OS LADOS

Do lado esquerdo, sentou um cara que, na boa, tinha quase o dobro do meu tamanho. Ele era muito grande, tanto de altura quanto de largura, e estava com a cara mais fechada que a carteira de dinheiro do meu pai. Além de ser grande ele tinha uma cara de poucos amigos. Quando ele me encarou, perdi o rebolado, abri um sorrisão amarelo e disse: "Oi, meu nome é Lukas". Ele foi muito gentil e simpático, e sem mudar a expressão de seu rosto me fulminou com um sonoro:

"CALA A BOCA!"

UMA DIRETORA DA PESADA

Eu já estava montando um plano de fuga por causa do grandalhão do meu lado quando a porta se abriu e entrou a diretora da escola.

Eu já vi muita coisa estranha na minha vida, mas a figura da diretora dessa escola realmente me surpreendeu. Pense numa pessoa com cara de poucos amigos. Até dei uma conferida nela e depois no aluno do meu lado para ver se tinham semelhança, pois vai que são mãe e filho. Pela cara enferruscada dos dois, é impossível que não sejam parentes.

Tomei um baita susto, pois toda a galera ficou de pé bem depressinha, assim que ela entrou. Somente um retardado não entendeu a jogada e ficou sentado... eu mesmo. Que vacilo! Enquanto levantava rapidinho, fui fulminado pelo olhar dela, que disparou na lata: "Você é o aluno novo, não é mesmo?".

Enquanto eu, gaguejando, respondia que sim, ela perguntou o meu nome. Antes que abrisse a boca, alguém lá do fundão gritou:

A gargalhada foi geral, mas a diretora ficou parada sem nenhuma reação. Na boa, ela tem cara de quem foi treinada pelo exército.

Ela me alcançou então um pequeno livreto intitulado "Regimento Interno" e disse que ali estavam todas as informações que eu precisava sobre como funcionava a escola. Não falei que ela tinha treinamento militar? Reparei que nesse tempo todo não se escutava um barulho sequer na sala. Cara, isso foi muito intimidador!

ELA É BÁRBARA!

Escola nova, todos sabendo que meu apelido é Sardinha, um chute no traseiro, sentado na primeira fila ao lado de um brutamontes assassino, uma diretora que me entrega um livro chamado "Regimento"...

Agora só falta a professora ser uma zumbi devoradora de alunos apavorados. Meu estômago já estava embrulhado de nervoso, e aí a porta se abriu, e ela entrou, nossa professora... e que professora!

    Sabe aqueles filmes tipo água com açúcar, todo meloso, onde a mocinha aparece andando em câmera lenta, jogando o cabelão para os lados, toda linda? Pois é, eu nem acreditei no que vi, mas essa era a minha nova professora de Língua Portuguesa. Fiquei sabendo o seu nome quando todo o resto da turma lhe devolveu o comprimento dizendo: "Bom dia, professora Bárbara!". Eu nem sabia que isso existia, mas experimentei o que se chama de paixão à primeira vista.

    Ela é Bárbara!

    Enfim um raio de sol no meu dia nublado.

SEXTO SENTIDO

Vou contar um segredo meu, mas você não pode espalhar isso por aí, ok? Não me pergunte como, mas eu tenho um "sentido Sardinha". Isso mesmo. É igual ao do Homem-Aranha, que pressente o perigo antes de algo acontecer. Não, eu não fui mordido por uma sardinha radioativa! Quando isso apareceu em mim, até achei que eu ganharia algum outro superpoder, mas ficou só nisso... por enquanto.

Esse meu sentido especial já me salvou de muita encrenca, e o curioso é que a maioria delas é sempre na minha família. Quando eu quebrei um vaso que minha mãe gostava muito, meu sentido me avisou que ia rolar uma tremenda bronca. Aí eu abri o maior berreiro, tipo assim, minha mãe até pensou que eu tinha me machucado, e ficou mais preocupada comigo do que com o vaso quebrado. Acabou tudo bem. Preciso aprimorar um pouco meu sentido Sardinha, pois seria melhor ele me ajudar a não quebrar mais vasos.

FAMÍLIA SEM SENTIMENTOS

Mais chato do que o primeiro dia de aula é responder a todas as perguntas do pai e da mãe, que querem saber tudo, absolutamente tudo o que se passou na escola. Já não basta o trauma em si, agora preciso relembrar tudo novamente. Meu pai foi compreensivo, e enquanto voltávamos de carro para casa, eu o convenci a escutar o meu relatório com a família toda reunida, pois assim não precisaria contar mais de uma vez. Acho que meu pai entende o que se passou comigo. Eu só não perguntei nada a ele senão ele ia contar toda a vida escolar dele, de como no seu tempo as coisas eram diferentes e blá-blá-blá. Já passei por isso uma vez, e já deu, né?

Quando sentamos à mesa para jantar, eu pedi autorização da minha mãe, e como ela deixou, liguei o gravador do meu celular e disse que poderiam perguntar tudo que eu responderia na boa.

Minha mãe perguntou o motivo de eu querer gravar a conversa, e eu respondi que amanhã eu teria de aguentar meus amigos da rua perguntando as mesmas coisas. Assim, eu passaria a eles a gravação e economizaria um monte de saliva. Todos riram, menos meu irmão Marcos, pois ele nem ao menos tem um celular ainda. Também, o que um pirralho de 6 anos vai querer com um celular?

Eu não contei a parte do cartaz na mochila e nem do chute, mas fiquei olhando pro Marcos, pensando em como me vingar dele.

UM GATO ENDIABRADO

E não deu outra. Logo de manhã, o Quarteto Fantástico se reuniu para contarmos como havia sido nosso primeiro dia de aula. A atração da conversa era eu, pois fui o único que mudou de escola, portanto eu teria muitas novidades. Segui o meu plano e liguei a gravação. A galera curtiu legal. Quando eu estava contando de como foram as aulas, o Goiaba perguntou se não aconteceu nada diferente na entrada da escola.

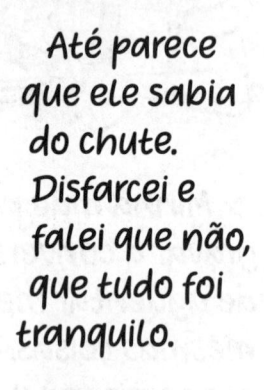

Até parece que ele sabia do chute. Disfarcei e falei que não, que tudo foi tranquilo.

Perto do fim da gravação, tomamos o maior susto. Ouvimos um barulho alto, tipo um animal gritando. Aí veio um segundo barulho de outro animal, tudo muito estranho. Quando nos viramos na direção de minha casa, um enorme gato preto, gordo e mal-encarado saiu correndo de dentro do nosso quintal, passou por nós e pulou o muro da casa em frente, sumindo para dentro por uma janela aberta. Você não imagina o nosso susto.

Olhamos espantados, pois no dia da mudança ninguém percebeu que os novos vizinhos tinham um gato. E com toda certeza a gente teria visto um monstro desse tamanho e tão mal-encarado. Ele era muito grande, acho que ele deveria pesar uns 5 quilos, no mínimo.

Se um dos ruídos foi feito pelo gato, então o outro deve ser o... RUSTY!

Corremos para dentro e lá estava ele, meu amigão, todo ferradão, escondido dentro da sua casinha. Quando peguei ele no colo, percebi que estava com a cara toda arranhada.

Gato dos infernos... isso não vai ficar assim!

OS ISENTÕES

Levei o Rusty e mostrei para a minha mãe o estado em que ele estava. Quando ela perguntou o que havia acontecido, eu falei que um gato de uns 10 quilos o havia atacado. Sem mostrar qualquer preocupação maior, ela falou que isso era assim mesmo entre cães e gatos etc. e tal. E continuou a fazer as suas coisas sem se importar com o pobre do Rusty. Cheguei à conclusão de que as mães gostam mais de gatos do que de cães.

Esperei então o meu pai chegar do trabalho, pois com certeza ele tomaria alguma atitude drástica. Afinal, ele é o macho-alfa da casa.

Quando fui mostrar o quanto meu amigo estava ferido, o traidor correu todo alegre na direção do meu pai abanando o rabo, e como se nada tivesse acontecido ficou lambendo ele, na maior alegria. Cães, pelo visto, têm uma memória muito curta e nenhum senso de justiça.

Contei então que um gato maluco que pesava uns 15 quilos havia atacado o Rusty e que precisávamos tomar uma atitude. Ainda afagando a cabeça do pulguento traidor, meu pai falou que isso era algo sem importância e que eu deveria esquecer o ocorrido, assim como a própria vítima do ataque fez.

Cão traidor… pais isentões!

Fui até a janela da sala e olhei para a casa dos vizinhos… lá estava ele, sentado na janela lambendo sua pata dianteira… o gato preto de 20 quilos.

Olhei firme para ele e falei: ainda vou me vingar.

UM DIA COMO OUTRO QUALQUER

No meu segundo dia de aula, eu resolvi que não seria vítima das circunstâncias e tomaria as rédeas do meu futuro! (Vi isso num filme.) Assim que o grandalhão sentou ao meu lado eu o saudei na língua do "B" dizendo "Bom dia, Brow!". Pra quem não sabe, Brow significa "irmão"... tipo assim uma intimidade de amigos homens.

E não é que ele também me respondeu na língua do "B", soltando um sonoro "BESTA!".

Bem, ao menos ele não me mandou calar a boca... creio que já é um grande progresso.

Fiquei tranquilão, pois nesse dia não rolou nenhum chute pra cima de mim, ninguém zoou com meu apelido, e a bem da verdade, eu passei despercebido da galera. Sabe aquela sensação de alívio que te dá até um calorzinho no peito? Pois foi exatamente assim que eu me senti nessa hora. Depois de um longo tempo, finalmente eu me senti alegre novamente, e isso foi uma sensação muito boa.

ELA NÃO!

Mas minha alegria durou somente até o intervalo. Fui até o bebedouro de água e quando estava pertinho, meu sentido Sardinha disparou. Olhei para os lados e estava tudo calmo, tudo normal. Será que o sentido está dando defeito? Foi aí pelas minhas costas que eu ouvi aquela voz das profundezas... mas não é possível! Não tive dúvida, dobrei a esquina do corredor e grudei de costas na parede, esperando ela passar para ter certeza. Na boa, eu até suei frio esperando para ver. Não deu outra! Ela passou andando com aquele seu jeito de sargento de quartel, cabelo amarado em coque e os bizarros óculos de aro grosso e escuro. Lá estava ela, a professora Lourdes, o meu terror das aulas de geografia. Sem olhar para mim, ela passou e disparou: "Bom dia, senhor Lukas. É bom vê-lo por aqui!".

Deus não só me abandonou à própria sorte, como resolveu me castigar. Tô ferrado!

O NEGÓCIO É APELAR AOS AMIGOS

Hoje pela manhã, eu estava sentado na varanda de casa fazendo um cafuné no Rusty, quando a Aninha chegou. Eu gosto muito dela, pois além de ser alegre e brincalhona, é a única menina que joga bola com a turma. Ela é bem esperta, pois já percebeu que a gente não dá carrinho nela, aí vai lá e marca o gol.

Eu já pensei muito a respeito, do porquê de a Aninha ser a única menina com quem eu tenho amizade. Até acho as outras legais, mas ela nos entende, não fica implicando com o jeito de nós, os meninos, sermos. Acho que por isso toda nossa turma curte ela.

Quando começou a brincar com o Rusty, me toquei que ela seria a pessoa certa para falar sobre o ataque do gato assassino.

NINGUÉM SE IMPORTA COM O RUSTY

Contei então a ela sobre o ataque do gato assassino de 25 quilos, e de como ele machucou o pobre coitado do Rusty. Aninha disse que também não se lembrava de nenhum gato preto no dia em que os vizinhos mudaram para o nosso bairro.

Mas aí veio a minha grande decepção. Não é que ela falou a mesma coisa que meus pais, que isso de gatos e chachorros brigarem era algo perfeitamente natural etc. e tal? Quando eu falei do trauma do Rusty ela riu e mostrou a cara de bobalhão dele, todo faceirão, e disse que ele não parecia nem um pouco traumarizado.

Tô achando que ninguém se importa com meu cão só porque ele é feio. Isso já é discriminação!

AS MÃES TAMBÉM ADOECEM

Essa noite tomei um susto. Acordei com alguém vomitando, e muito. Fui no quarto do Marcos achando que era ele, mas o mala respondeu meio que dormindo para eu deixar ele em paz. Perguntei então na porta do quarto de meus pais se estava tudo bem, e minha mãe respondeu que sim. Pelo visto meu pai comeu fritura novamente e se deu mal.

No café da manhã, eu percebi que quem não estava bem era a minha mãe. Escutei ela combinando que iria ao médico à tarde.

Eu fiquei chateado e preocupado… as mães não deveriam ficar doentes. Não tive dúvida, depois do café fui para o meu quarto e orei a Deus pedindo que Ele protegesse a minha mãe.

Acho que vai ficar tudo bem.

UMA SEXTA-FEIRA TUMULTUADA

Eu sonho com um futuro onde as crianças quando chegam na idade de ir para a escola simplesmente recebem um chip com tudo programado... seria o paraíso. Quando for adulto, vou lutar por isso.

Consegui sobreviver à primeira semana de aula relativamente a salvo, a não ser por alguns pequenos incidentes que já contei pra você. Acho que aos poucos a gente vai se acostumando com as coisas que de cara pareciam ser complicadas.

E finalmente chegou a sexta-feira... pura alegria só de pensar num final de semana livre de toda essa pressão escolar.

ESTAMOS FAZENDO PROGESSO

Esqueci de contar que descobri o nome do grandalhão que senta ao meu lado. A professora Bárbara chamou o nome dele; Bruno, e ele respondeu de cabeça baixa e cara fechada: EU!

Para falar a verdade, ele é a primeira pessoa que conheço que tem esse nome: Bruno. Até que é legal.

Eu continuei com minha tática de cumprimentar usando sempre combinações de letras, mas até aqui ele tem se livrado legal.

Hoje eu mandei: "Pense positivo!"

Ele respondeu: "Palhaço!".

Apesar de tudo, creio que temos feito algum progresso, pois quando ele falou "palhaço", foi meio desanimado, como se não estivesse dando muita atenção. Acho que ele ficou encabulado quando a professora falou o nome dele em público. Talvez ele sinta vergonha do nome que seus pais lhe deram. Vai entender, né?

EXTINÇÃO!

O tempo fechou quando a professora Lourdes entrou na sala pela primeira vez. Justo na sexta. Eu já tinha até me esquecido dela, achando que não daria aula para nossa turma. Depois de um "bom dia" seco, sem ao menos olhar para a turma, ela se sentou, abriu o livro de chamada e antes de iniciar, olhou diretamente para mim (lembre-se que minha carteira fica exatamente em frente à mesa dela) e disparou:

"Ora, ora, se não é o Sr. Lukas, meu aluno que não sabia que o Sol é uma estrela".

Fazia tempo que eu não escutava tanta risada, ao mesmo tempo e pelo mesmo motivo. Olhei para o meu caderno para esconder a minha cara, pois com certeza eu estava mais vermelho que um tomate. Se um meteoro acabou com os dinossauros, talvez outro pudesse acabar com a professora Lourdes.

Não custa sonhar...

O SUPER-SARDINHA!

Ufa! Agora é oficial.

As aulas do dia acabaram e como era a tão esperada sexta-feira eu mal podia me conter de alegria, doido para vazar daqui e ficar livre no final de semana.

Você deve estar pensando tipo assim: "grande coisa…", mas na boa, uma primeira semana de aula numa escola nova, com um monte de gente estranha, a presença da dona Lourdes-Dinossauro… foi muito punk tudo isso.

Enquanto estava indo na direção do carro do meu pai, eu percebi que era um sobrevivente, um VERDADEIRO HERÓI! É isso aí.

Eu, o super-sardinha…

Me aguardem…

ALGUÉM ESTÁ DISFARÇANDO

Quando contei para meu pai a sensação de alívio que eu estava sentindo, achei que ele iria começar com aquelas suas intermináveis histórias de que no tempo dele blá-blá-blá...

Mas não, olhando fixamente para a frente ele só falou: "Que bom...". Acho que tem alguma coisa preocupando ele. Deve ser o trabalho. Putz, nem contei pra você que o meu pai é analista de sistemas de computação... tipo assim, acho ele mó inteligentão.

"Que bom!"

Quando abracei a minha mãe, eu perguntei se ela havia ido no médico, e ela respondeu que sim. Quando perguntei se estava tudo bem, ela meio que gaguejou, deu uma disfarçadinha e disse que estava tudo ok.

Pensam que me enganam, né? Eu já vi esse tipo de cena em filme de dramalhão... tem alguma coisa errada acontecendo, mas como sempre, nós os filhos seremos os últimos a saber.

NESSA CASA TEM TRETA

Sábado pela manhã é quando nós normalmente reunimos o Quarteto Fantástico. E hoje o tema da nossa reunião é os novos vizinhos. Você lembra de como eles são estranhos, e na verdade, todos nós achamos eles bastante suspeitos.

Não sebemos exatamente do que, mas temos certeza que são culpados de alguma coisa. E por isso resolvemos vigiar eles muito bem durante esses últimos dias, tipo assim, coletando provas de que eles não são gente boa.

Cada um de nós ficou encarregado de trazer informações sobre eles. Resolvemos vigiar o marido, a mulher e a filha do casal.

O Goiaba tinha como missão seguir, sempre que possível, o chefe da família, o loiro com cara de gângster de filme americano.

Quando pedimos o relatório soubemos que não tinha muita coisa a dizer sobre ele, pois o sujeito praticamente não saiu de casa.

Como é possível que um homem adulto passe a semana inteira em casa e não vá trabalhar?

O Bigode ficou encarregado de vigiar a filha do casal e trouxe notícias bem mais interessantes.

Como o Goiaba não conseguiu nem descobrir o nome do chefe da família, eu não esperava que o Bigode tivesse mais sucesso com a filha. Mas aí veio a surpresa.

Ele descobriu que o nome dela é Izabela. Quando perguntamos como foi que ele ficou sabendo o nome, ele deu um sorrisão meio cínico e respondeu que foi muito fácil. No primeiro dia de vigília, o Bigode seguiu ela até o ponto de ônibus, e depois de um tempo parada lá, chegou um carinha todo sorridente que então a chamou pelo nome e tascou uns beijos na boca dela.

Eca! Pensa numa coisa nojenta. Como nenhum de nós tem irmã mais velha, esse lance de namoro e beijos são muito estranho. Só de pensar que esse pessoal troca saliva... me embrulha o estômago.

O Bigode ficou sabendo que ela faz uma faculdade de Contabilidade.

Eu nem sabia que isso existia, e nem que depois de formadas essas pessoas são chamadas de "contador".

Já o Menhoca foi mais longe na profissão de detetive. Além de fazer um relatório por escrito (ele é muito doido) também tirou várias fotografias da mulher do nosso suspeito. Por mais que a gente tentasse ver algo, ninguém achou suspeito uma mulher que arruma a casa, lava e estende roupa no varal, alimenta um gato de 30 quilos (ainda vou me vingar) e limpa o quintal.

Eu fui o único que não tinha nenhuma tarefa, pois afinal de contas, enfrentar uma primeira semana de aula na escola nova requer toda a nossa atenção e sofrimento. Principalmente sofrimento. Nesse ponto o quarteto é muito parceiro.

Decidimos fazer mais uma semana de observações, antes de tomar uma atitude mais drástica em relação ao suspeito.

O resto do sábado foi de muito futebol e vídeo game.

ESSA FOI POR POUCO!

No domingo, assim que eu entrei na sala da EBD me deu o maior gelo, pois eu lembrei que era para ter lido a história do tal Noé, e como passei uma semana muito agitada, acabei nem abrindo a Bíblia.

Que mancada eu ter esquecido... mas tudo bem, vou prestar atenção e ficar quietinho, bem de boa e ninguém vai saber que furei. Esse é um velho truque que aprendi... o negócio é se fingir de morto que ninguém vai lembrar que você está aí... he he he.

Acho que Deus percebeu minha artimanha, pois a primeira coisa que a tia Daia fez foi perguntar quem tinha lido a história. Você acredita que dos 10 alunos, só eu não tinha lido? Senti que minhas bochechas ficaram vermelhas de vergonha.

Mas aí, no maior carinho e com um sorrisão no rosto, ela falou que não tinha problema e que se eu tivesse alguma dúvida era para perguntar.

Não falei que ela é muito gente boa?

DEU ÁGUA!

Bem, eu vou resumir aqui o que eu entendi da história que a tia Daia contou. E olha que é uma história cheia de aventura, drama e até mesmo um pouco de bom humor. Isso, o humor, você vai ver quando eu falar do Elefante... rsrsrs.

Lá pelo início da história da humanidade, teve um tempo em que todo mundo era muito mau e degenerado, tipo assim, só tinha sangue ruim andando por aí. As pessoas praticavam todo tipo de maldade e de perversidades, e isso deixava Deus muito triste, pois afinal de contas, Ele tinha criado tudo de forma boa e bonita.

O único gente boa que andava na Terra era justamente o Noé, pois ele era amigo de Deus, justo e bom. Aí Deus perdeu a paciência com o povo e avisou que Ele ia acabar com toda a bagunça e ia começar do zero, com Noé e a família dele.

Mais ou menos como um reset...

E Deus resolveu acabar com a bagunça por meio de um grande dilúvio, onde tudo que tivesse vida morreria afogado. Menos os peixes, né?

Eu tô aqui de boas!

Eu imagino o nervoso que Noé passou quando Deus falou que ia destruir a bagaça toda. Já pensou na destruição que ia rolar?

Mas aí veio a boa notícia: Noé deveria construir uma arca, tipo um Titanic na época, e nela ficariam ele, sua família e uma montoeira de animais, um casal de cada. E Noé seguiu direitinho as instruções de Deus, principalmente de como construir a tal da arca.

Enquanto a tia Daia contava a história, eu fiquei pensando em duas coisas bem doidas: no quanto o pessoal deve ter ficado zoando Noé, e se por acaso não apareceu algum pica-pau maluco para atazanar a vida dele... rsrsrsr.

58

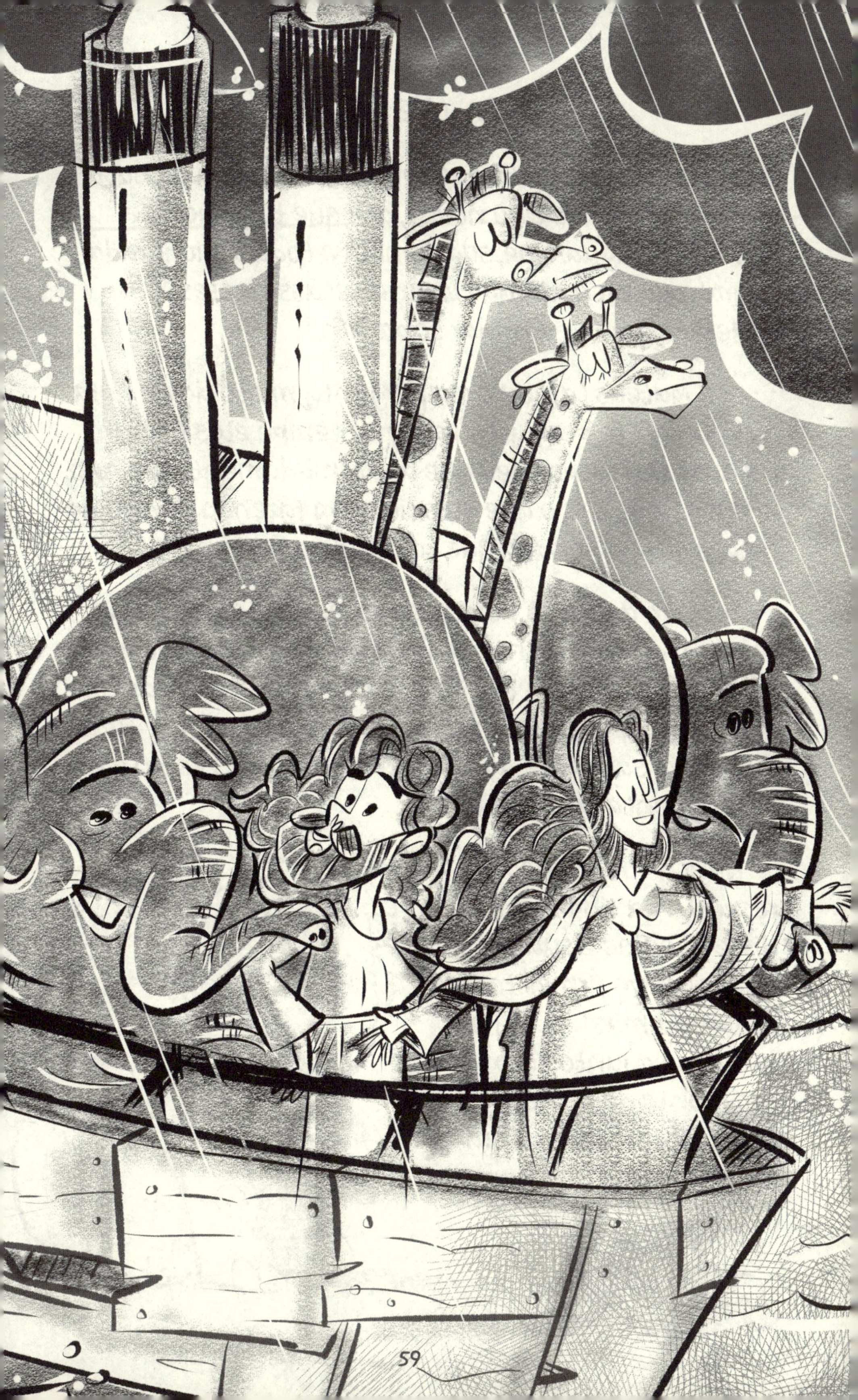

E DÁ-LHE ÁGUA!

E conforme havia dito que faria, Deus enviou a chuva, que durou 40 dias e 40 noites, até que tudo ficasse debaixo de água. Noé, sua família e toda a bicharada ficaram na arca até que a terra secasse e eles pudessem voltar a andar sobre ela.

Aí o Mateus lascou uma pergunta muito doida para a tia Daia. Ele perguntou quanto tempo eles ficaram na arca. Ela respondeu que aproximadamente um ano. Aí ele perguntou o que eles ficavam fazendo dentro da arca, e ela respondeu que cuidando dos animais.

Foi com a última pergunta do Mateus que a gente teve um ataque de riso, pois quando ele se tocou que os animais comiam, ele também chegou à brilhante conclusão que eles também... bem, você sabe... tudo que entra sai. Aí ele falou algo do tipo: mas como é que eles aguentavam o fedor?

Nunca vou esquecer a resposta da tia Daia. Ela disse que Noé e sua família aguentaram firmes todos os "problemas" de se ficar numa arca junto com um monte de bichos, "porque fora da arca era morte certa!".

Depois que secou toda a terra, Deus abençoou Noé e sua família e mandou que começassem tudo de novo, que tivessem filhos etc., etc., etc. Acho que até Deus ficou meio assim com toda a destruição, pois Ele garantiu que nunca mais a Terra seria destruída por um dilúvio, e para firmar o acordo, ele fez o arco-íris. Bem, que bom que Deus fez essa aliança, né? Quando penso em um ano preso dentro de uma arca cheia de bichos, eu chego à conclusão de que o Noé era o cara!

ESTÃO FAZENDO PLANOS

Esse domingo foi diferente, pois quando saímos da igreja voltamos direto para casa. Sem restaurante, sem passeio e sem shopping... muito estranho.

Fui até a casa do Beto chamar ele pra jogar um game, mas como ele não estava, resolvi jogar sozinho mesmo. Foi aí que dei de cara com a conspiração. Meus pais estavam parados na sala olhando para o corredor que dá para os quartos, e falavam coisas do tipo:

> Se puser esse armário aqui e o sofá para lá... esse quarto é um pouco maior que o outro, então serve melhor.

Quando perguntei o que estavam fazendo, os dois deram a maior disfarçada, e na cara de pau se mandaram.

Estão armando alguma treta e acho que vai sobrar para mim, como sempre.

SEGUNDA SEMANA, LÁ VAMOS NÓS!

O silêncio do meu pai, enquanto me levava para a escola, era a prova de que havia uma conspiração em andamento. Até na hora de dizer tchau, ele estava esquisito.

Bem, mas eu agora tenho outras preocupações e a primeira delas é como sobreviver mais uma semana nesse sanatório geral que chamam de escola.

Quando entrei na sala, o Bruno já estava sentadão, com aquela cara de gorila mal-humorado. Como sou um cara persistente, mandei ver novamente um cumprimento alfabético: "Ânimo, amigão!".

"Abestado", foi a resposta.

Caramba, esse cara é muito rápido!

DEPOIS DA TEMPESTADE...

Minha tática com o Bruno é vencer ele pelo cansaço, ou seja, um dia ele para com esse jeito rabugento de ser e talvez a gente possa ter um papo com pelo menos mais do que um xingamento... rsrsrs

Eu nem tinha tirado o meu material da mochila e a Suzi já tinha feito uma dúzia de perguntas e respostas... isso mesmo, ela pergunta alguma coisa pra gente e nem dá tempo para a resposta. Ela mesma já emenda a conversa com resposta e tudo. Essa guria é muito doida. Pense na minha alegria quando olhei na minha folha de horário e vi que a primeira aula era de língua Portuguesa. Nem deu tempo de respirar e aí veio a professora Bárbara...

Ela é disparado a melhor professora que temos. É inteligente, bem-humorada, educada e muito gentil com os alunos. Assim que entrou, ela cumprimentou a turma toda com um sonoro "bom dia". Depois olhou para euzinho e sorrindo disparou:

Bom dia, Lukas.

"Quer saber? Acho que ela gosta de mim. Pensando bem, essa escola até que não é tão ruim assim."

Com a voz mais melodiosa do mundo a profe Bárbara avisou que ela vai nos ajudar a melhorar na arte da redação.

Depois de uma explicação rápida sobre o tamanho do texto que deveríamos produzir, ela nos deu a boa notícia de que a redação seria sobre o que fizemos nas nossas férias.

Eu escrevi todo animado, contando dos passeios que fizemos, meus pais, eu e meu irmão Marcos. Falei da cidade típica de alemães, dos restaurantes e até do meu encontro com a dona Lourdes-Tubarão. Nessa hora eu ri sozinho, e quando percebi, já estava chegando perto do final da aula, pois a profe começou a fazer a chamada. Ainda deu tempo de escrever sobre como foi massa andar no banana boat.

O RETARDADO

Quando a professora estava terminando a chamada, a porta se abriu e entrou a coordenadora e aquele menino novo no bairro, o Davi. Todos ficamos olhando, estranhando a entrada deles. Dona Glaucia, a coordenadora, explicou que ele iria começar na nossa turma, pois tinha sido transferido, e pediu que o ajudássemos, pois ele perdera uma semana de matéria.

Assim que a dona Gláucia saiu, alguém do fundão gritou perguntando se agora ali era o jardim de infância ou talvez um circo, pois estavam deixando entrar um anão na sala. Lembram que eu falei que o Davi era baixinho e narigudo?

Tô achando que ele vai ser a minha salvação, pois vão pegar no pé dele e esquecer de mim... legal!

Alegria de pobre dura pouco mesmo. O Davi, quando estava indo para o lugar designado para ele, passou na minha frente e me cumprimentou:

OI, LUKAS!

Antes que eu piscasse ou dissesse qualquer coisa, alguém lá do fundão gritou em bom e alto som:

—O anão é amigo do Sardinha! Que dupla!

Minha alegria durou pouco, bem pouco.

Numa hora dessas eu fico pensando como seria legal ter aquele dispositivo de teletransporte que aparece no filme "Jornada nas Estrelas". O cara aperta um botão, some de onde está e aparece em algum lugar beeemm longe. Minha vida por um treco desses!

Depois que a Dona Glaucia deu um basta na zoeira, eu fiquei olhando um tempo para o Davi e estranhei uma coisa; ele não dava a menor importância quando zoavam dele, não estava nem aí para a galera, tipo assim, parecia que ele achava o resto da turma insignificante.

Preciso aprender isso com ele. Com certeza eu serei mais feliz.

JONESY

Eu detesto tanto o gato do vizinho que vou dedicar a ele uma sessão especial no meu diário. Vale a pena, você vai curtir muito o que vou fazer com ele.

ARMADILHA INFALÍVEL-1

Nos últimos dias estive observando o Jonesy.

Ah, esqueci de dizer que eu batizei aquele gato endiabrado de 30 quilos com esse nome bem americano.

Antes que você pergunte, dei a ele o nome do gato da tenente Ripley do filme "Alien, o oitavo passageiro". Você não assistiu? Outra hora eu te conto como é se borrar de medo num filme de SCI-FI, induzido pelo seu próprio pai.

Bem, eu anotei tudo o que Jonesy faz, e ele é altamente rastreável e previsível, pois faz sempre tudo igual. Juntei todas as informações, e então bolei o meu infalível plano de vingança.

Ninguém sacaneia meu amigo Rusty e vive para contar a história!

Preparei uma arapuca simples, com um rato de borracha dentro. Se eu não soubesse que era falso, até eu ia me confundir com o rato. O Jonesy vai vir seco para pegar ele, que está amarrado na vareta que segura a arapuca. Mordeu o ratinho, a arapuca cai e o gato fica preso dentro... aí o bicho vai pegar.

Armadilha pronta, fiquei escondido no canto da varanda esperando, pois já era hora dele dar o seu passeio pelas casas vizinhas. Não demorou muito e lá veio ele, todo faceirão. Eu ainda fico admirado com o tamanho dele... meu, ele é muito grande e gordo!

O maluco do gato chegou em frente da arapuca e sentou, olhando o rato de borracha.

Foi aí que eu vi que ele tem pacto com o outro mundo.

Você acredita se eu contar que ele deitou e ficou rolando em frente à arapuca, fazendo um barulho esquisito, como que se estivesse rindo?

Rolou umas quatro vezes, olhou para onde eu estava escondido, lambeu a pata e se mandou, nem chegando perto de morder o ratinho de borracha. Me deixou ali sentado com a maior cara de otário.

Borá lá, de volta, à prancheta de desenho, traçar meu plano número 2. Isso agora já virou uma questão de honra.

OS VINGADORES

Eu estava recolhendo a minha armadilha que não deu certo, quando a Aninha e o Beto chegaram. Perguntaram o que eu estava fazendo, e aí dei uma disfarçada, pois ninguém é obrigado a revelar as suas vergonhas, e ser trolado por um gato de 35 quilos é muito vergonhoso.

Falei então que estava me preparando para observar nossos estranhos vizinhos da frente. Contei que nós, do Quarteto Fantástico tínhamos certeza de que algo muito estranho estava acontecendo naquela casa.

Os dois ficaram muito impressionados com o meu relato e perguntaram então se poderiam participar. Como não poderia resolver uma coisa dessas sozinho, mandei chamar o resto da galera e nos reunimos no meu quarto, enquanto os dois esperavam lá fora.

Resolvemos que seria muito bom ter eles no grupo, pois como o caso era complexo, quanto mais gente trabalhando, melhor.

Fomos dar as boas notícias a eles, e enquanto comemorávamos, o Menhoca, sempre ele, nos lembrou de um problema que isso causaria. Como seríamos seis, não poderíamos mais ser chamados de Quarteto Fantástico. Aí a Aninha veio com a solução, propondo que de agora em diante nós seríamos conhecidos como VINGADORES.

Te cuida, família estranha, seus dias de crime e mistério estão contados!

UMA AULA MEMORÁVEL

Desde que eu vi o Davi eu sempre achei ele, além de diferente, também bastante inteligente. Acho que o jeitão dele, sempre quieto na sua, me faz lembrar uns caras com tipão de gênio. Pois bem, nessa aula que tivemos, ele mostrou que eu estava certo, pois na real, ele radicalizou, tipo barbarizou geral!

A professora Bárbara (ai ai...) estava nos ensinando a interpretar e corrigir um texto. Nos entregou uma folha com um artigo sobre a biologia do corpo humano e pediu que a gente lesse com muita atenção, que depois ela daria as instruções.

Quando todos terminaram, ela nos avisou de que no texto havia 5 erros de português, e que conforme cada um de nós achasse os erros, era para assinalar na folha e entregar para ela.

O primeiro aluno que entregasse a folha com os 5 erros anotados certinhos, ganharia 1 ponto a mais na média geral.

Todos começaram a releitura, e não demorou muito o Davi levantou e entregou a folha dele e voltou a sentar no seu lugar.

A profe Bárbara, toda queridona, disse para o Davi que ele havia errado, pois ele assinalou 7 erros, quando ela havia avisado que havia somente 5 erros. Na moral, o gnomo levantou e disse que foram 5 erros de português, mas que ele já aproveitou para assinalar 2 erros de biologia. Silêncio geral na turma enquanto a profe olhava novamente o texto. Aí ela disse que o Davi estava certo e deu os parabéns a ele.

Lacrou geral, e a turma soltou um sonoro "UHÚÚÚ", pois não era todo dia que algum aluno lacrava pra cima dos professores. Preciso aprender com o gnomo, tô achando que ele é o cara!

PLANOS REVELADOS

Durante essa semana o comportamento dos meus pais foi bastante incomum. Como já contei para você, eu tinha certeza que algo meio secreto estava rolando, e não deu outra.

No sábado, na hora do almoço, os dois estavam bem estranhos, um misto de alegres, mas sem jeito... sei lá. Não falaram muito, mas assim que terminamos, ao invés de sermos liberados para brincar, Marcos e eu fomos informados que teríamos uma reunião importante.

Eu tinha certeza que iria sobrar para mim mais alguma tarefa doméstica do tipo: "você está virando um hominho e blá-blá-blá".

Antes fosse! Depois de se enrolarem e gaguejarem um monte, finalmente minha mãe tomou coragem e detonou dizendo que ela e o papai haviam encomendado um "BEBÊ" para nossa família.

—O quê?, — foi a minha exclamação, mas os dois ficaram mudos. Na realidade, além de mudos, percebi que ficaram foi meio que assustados.

—Quer dizer que vocês compraram um bebê? — Perguntou o Marcos.

—Não! — Respondeu meu pai, parecendo agora ainda mais assustado.

—Por que mais um bebê? — Perguntei.

Minha mãe ficou toda atrapalhada e gaguejava dizendo:

—Bem... é que... veja só...

—Vocês não gostam mais da gente? — Disse o Marcos com cara de choro.

—Claro que gostamos, por isso queremos mais um bebê! — Disse minha mãe, mas não me convenceu muito.

—Me explica esse negócio de encomendar um bebê que eu não estou entendendo nada. — Disse o Marcos, todo perdidão.

Minha mãe resolveu a questão dizendo para todos ficarem quietos um instante. E ela fez isso usando da sua arma mais convincente; uma ordem em voz bem alta, para que todos ouvissem.

Ficamos os três quietinhos, olhando para ela, esperando o que iria dizer.

Ela abriu um sorrisão e disse que era um momento muito feliz para a família que vai aumentar etc. e tal.

Marcos então falou que sabia que o nenê estava na barriga da mamãe, só não tinha entendido direito como é que ele havia entrado lá.

Minha mãe falou que isso o papai iria explicar mais tarde, mas por hora era importante sabermos que a nossa família aumentaria.

—Não deixa ele te enrolar com a história da cegonha, Marcos. — Falei rindo enquanto meu pai me fulminava com o olhar.

NEM CHEGOU E JÁ ESTÁ ATRAPALHANDO

Para acalmar nossos ânimos, mamãe serviu sorvete e começou a explicar o que mudaria com a sua gravidez e com a chegada do bebê.

Como grávida, ela teria algumas prioridades, como por exemplo, ficar com o carro. Papai vai de carona para o trabalho com seu amigo Gilson, e eu fui informado que já a partir da próxima semana, vou de VAN para a escola.

Meu, nem me recuperei ainda do trauma de escola nova e já terei de enfrentar o mundo selvagem de uma VAN? Preciso conversar seriamente com Deus. Acho que Ele está me confundindo com os caras maus da história do Noé, por isso só tá sobrando bomba pra cima de mim!

Mas tinha mais surpresa... muito mais.

Como nossa casa só tem 3 quartos, meu pai avisou que o Marcos e eu vamos, a partir do próximo mês, dividir o mesmo quarto, e o bebê ficará com um quarto só para ele. Pense na mordomia.

Falei que eles deveriam colocar os dois mais novos juntos, mas aí veio a surpresa número três.

O bebê é uma menina... UMA MENINA!

Fala sério! Me deixem fora da arca que eu quero morrer afogado também... uma menina, ninguém merece!

—Mas como vocês sabem, se o bebê nem nasceu?

Ultrassonografia... esse é o nome da geringonça que mostrou a menina para eles.

E pela cara de alegria dos dois, acho que o Marcos e eu vamos para a senzala, pois pelo jeito eles queriam muito uma menina. Devem estar enjoados de nós dois.

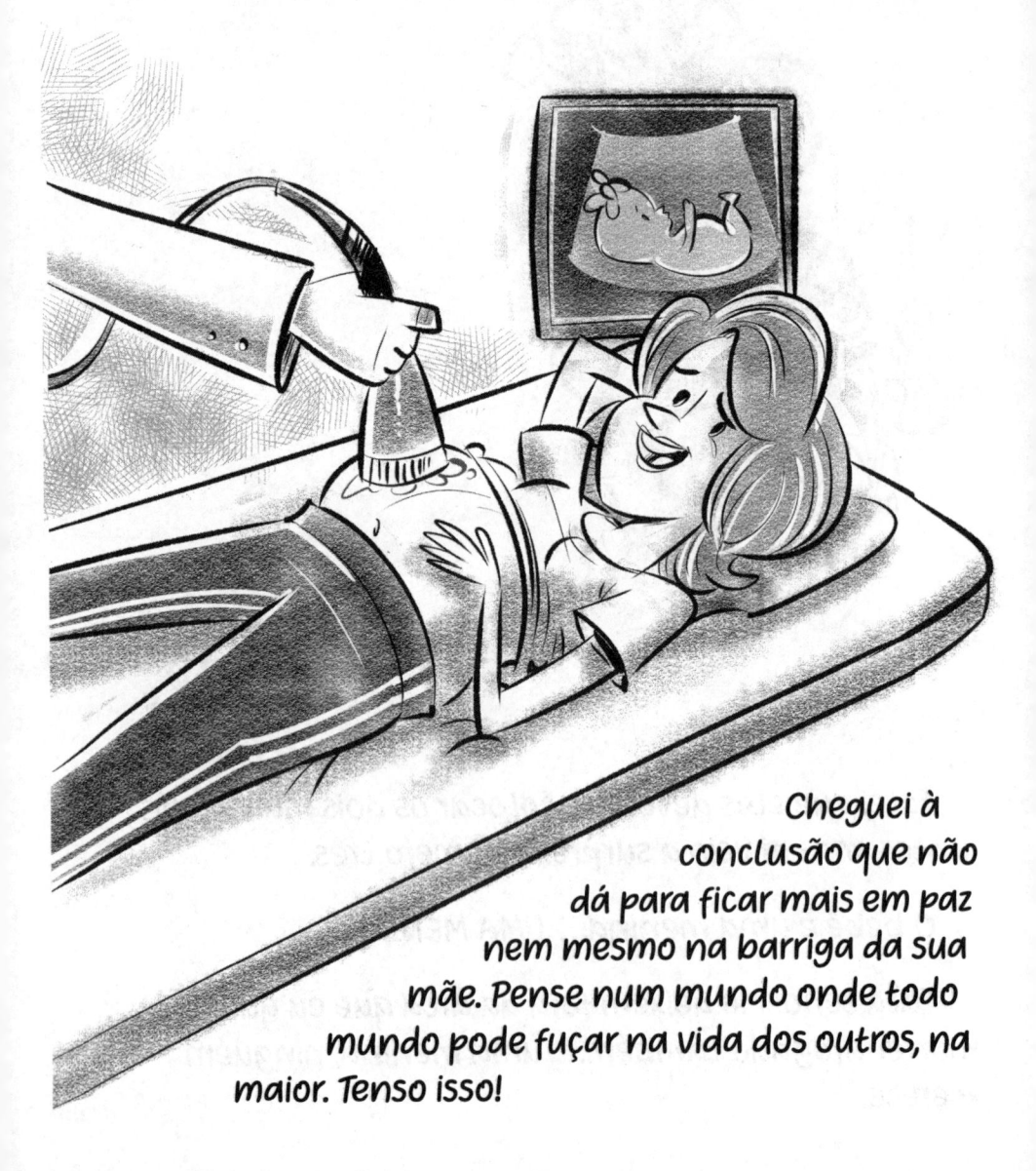

Cheguei à conclusão que não dá para ficar mais em paz nem mesmo na barriga da sua mãe. Pense num mundo onde todo mundo pode fuçar na vida dos outros, na maior. Tenso isso!

REUNIÃO DE EMERGÊNCIA

Chamei os Vingadores para contar as novidades. Acho que eles não entenderam muito bem o meu drama, pois todos acharam o máximo o fato de que em pouco tempo eu teria uma irmã.

Nem adiantou eu reclamar das perdas que teria, pois eles ficaram vidrados no fato de que iríamos agora ser em três na minha casa. Aí me toquei o porquê de eles acharem legal... nenhum dos meus amigos tem uma irmã. O Goiaba, o Menhoca e a Aninha são filhos únicos. O Bigode e o Beto têm irmãos, mas são homens e bem mais velhos do que eles.

Saquei que eu era voto vencido quando o Menhoca, sempre ele, deu a brilhante ideia de que a bebê poderia ser tipo assim uma mascote dos Vingadores.

Falei que ela poderia ser então a "garota invisível". O Bigode falou que não conhecia essa super-heroína. Ninguém se flagrou da minha ironia. Deixa pra lá, afinal de contas, nenhum deles sabe o que é ser colocado de escanteio quando vem um novo bebê para casa. Já passei isso quando o Marcos chegou, mas como eu era muito pequeno, nem notei. Mas agora estou vendo que vou virar produto de segunda categoria que ninguém liga ou dá valor.

TODA SEXTA-FEIRA É ESPECIAL

Na real, terminando a segunda semana de aula e eu já estou até me acostumando com a nova escola. Não que não seja chato não ter amigos, mas ao menos está menos terrível do que pensei.

O Davi é meio fora da casinha, mas o show que ele deu na aula da profe Bárbara foi sensacional. Ele sabe muito das paradas de estudo. Pensando bem, acho que ele será tipo assim... um amigo muito útil. Não me julguem.

Quando saímos da sala após a última aula e fui cumprimentar o Bruno, resolvi não tentar mais ganhar nas letras. Disparei um "Bom fim de semana". A resposta dele? "Inútil!".

Bem, até que ter um rabugento sentado ao lado não é tão ruim assim. Poderiam ser duas Suzi, uma de cada lado... pensa que maçante.

Quando entrei no carro, meu pai sempre fazendo piadinhas sem graça, lembrou que hoje era o último dia em que ele me buscaria, pois a partir de segunda eu usaria a tal da VAN.

Beleza pai, deve estar todo felizão por não precisar mais me levar, né? Não falei, mas pensei.

Quando cheguei no quarto liguei o meu celular para ver se tinha algum recado. É meio vergonhoso dizer isso, mas meus pais tem um sistema bastante rígido aqui em casa... durante a semana eu não posso usar celular, jogar game ou usar o PC, a não ser que seja para estudar. Nem falo muito sobre isso, pois não é nem um mico, isso já é um orangotango.

O DEVER ME CHAMA

Não deu outra; assim que liguei o celular, apareceu uma mensagem no grupo Vingadores marcando uma reunião no quartel general. E dizia que era urgente. Avisei meus pais e fui lá na casa do Menhoca, ou melhor, no quartel general.

A mãe dele é muito legal, pois toda vez que tem uma reunião secreta ela serve um lanche pra gente. Com certeza ela sabe que combater o mal dá muita fome. Eu fui o último a chegar, e quando entrei na sala de controle (quarto do Menhoca) ele já estava arrumando um vídeo que ele gravou e ia passar na TV dele.

Enquanto a gente detonava o lanche, ficava olhando a tela onde aparecia a casa dos Estranhos (batizamos aquela família assim), e simplesmente não acontecia nada.

O Bigode até falou que tava muito chato, mas o Menhoca mandou esperar um pouco. E aí, do nada, apareceu na filmagem que dois carros pararam em frente à casa e desceram umas cinco pessoas no total. Todos homens e vestidos com ternos escuros. Olharam para tudo quanto é lado, e depois de verificarem que não tinha ninguém por perto, um deles abriu a porta traseira do carro mais bacana.

MARIA ARRASA QUARTEIRÃO

Ficamos todos de boca aberta quando vimos quem saiu de dentro; uma mulher alta, lindona, de cabelo prateado e usando uma roupa super style que combinava com um par de botas que iam até acima do joelho.

Como se tivesse sido combinado, alguns de nós soltaram um "UAU!" assim que viram a tal mulher platinada descendo do carro e indo em direção à casa dos estranhos. A Aninha, não sei por que, falou que nós parecíamos um bando de manés que nunca tinham visto uma mulher na vida. Mulheres a gente já viu, mas uma daquele jeito, nunquinha.

O Bigode batizou ela de Maria Arrasa Quarteirão, e todos concordaram. Menos é claro, a Aninha, que preferia chamá-la de "Perua da bota preta".

Acho que mulher tem ciúme de outra melhor, ao menos é o que está parecendo.

Bem, tanto a MAQ quanto a turma de homens que estavam com ela, todos entraram na casa.

Ficamos cuidando para ver se víamos algo estranho, mas nada. Depois de uma meia hora todos eles saíram e foram embora em caravana.

Nós anotamos tudo na planilha do Menhoca e combinamos que nos revezaríamos na vigilância da casa. Se eles já eram misteriosos, imagina agora com a aparição da Maria. Em nossa próxima reunião vamos decidir o que fazer.

ARMADILHA INFALÍVEL — 2

Depois de muita pesquisa, cálculos e planos, finalmente concebi a armadilha perfeita para pegar o Jonesy, o gato do capeta. Eu observei que ele muitas vezes vem caminhando pelo muro e entra em nossa lavanderia. Fiquei olhando e tentando entender o que ele quer fazer ali.

E hoje pela manhã, olhando novamente, eu via nossa máquina de lavar roupa, e não deu outra, me veio uma tremenda inspiração.

Fui até a casa do seu Raul, e pedi a ele um pouco da ração do gato dele. Na lavanderia, fiz um caminho com a ração e coloquei um pote cheio dela dentro da máquina.

Prendi a tampa com uma vareta amarrada por um barbante bem comprido. Me escondi na dispensa e fiquei esperando o Jonesy.

Você pode não acreditar, mas demorou tanto que eu acabei cochilando, sentado ao lado da porta. Quando acordei, vi que não tinha mais ração no chão. Gato safado, deve ter comido todo o rango e se mandou. Quando fui pegar o pote que tinha colocado dentro da máquina, tomei o maior susto, pois o Jonesy estava lá dentro, comendo a ração. Quando ele me viu deu um baita de um pulo soltando um miado alto.

No susto, eu bati a mão na tampa e ela acabou acertando o gato que estava pulando para fora. POW! Foi o barulhão na cabeça do felino, que caiu de volta para dentro da máquina e a tampa acabou prendendo ele lá dentro. Melhor que a encomenda. Eu fiquei olhando ele pulando contra o vidro da tampa, encostei a minha cara nela e falei pra ele: — Seus dias de violência para cima do Rusty chegaram ao fim.

Esse gato é muito esperto, pois depois que pulou três vezes contra a tampa e viu que não adiantou, ele simplesmente ficou sentado no fundo da máquina, me olhando e esperando. Aí eu me dei conta que meu plano estava incompleto, pois eu peguei o gato, mas o que eu ia fazer agora, que ele estava preso na nossa máquina de lavar?... humm... máquina de lavar!

Acho que vou devolver ele para os donos, só que antes vou dar um banho no bichano. Na hora lembrei de uns desenhos animados onde isso acontecia. Acho que vai ser muito maneiro lavar o Jonesy.

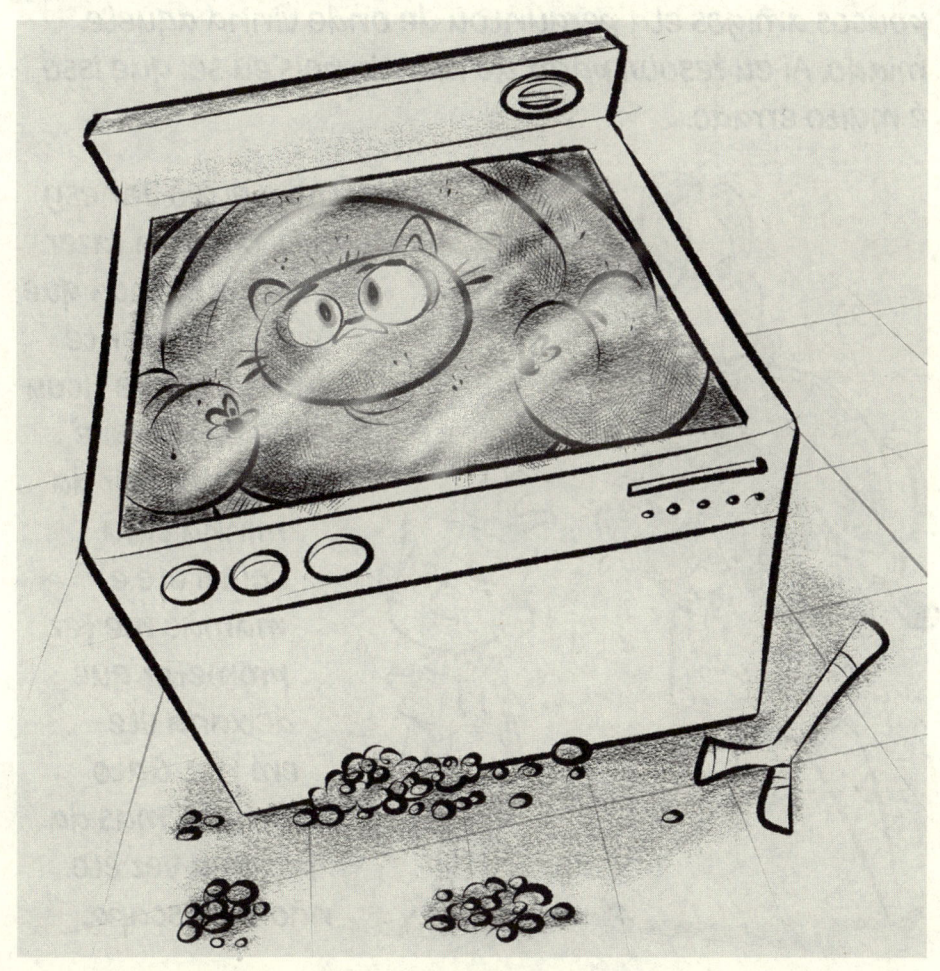

Eu nunca liguei a lava roupa e não fazia a menor ideia de como essa geringonça funciona. Olhei os botões e estava tentando decifrar qual deles eu tinha de apertar para fazer rolar o banho do bichano, quando minha mãe entrou e perguntou o que eu estava fazendo. Falei que estava só olhando, nada mais. Ela olhou meu sorrisão amarelo e disse para eu não fazer nenhuma bobagem, e virou-se para ir embora.

Não é que bem nessa hora, como se soubesse das coisas, o gato doido soltou um baita de um miado que até assustou a minha mãe. Me olhando com cara de poucos amigos ela perguntou de onde vinha aquele miado. Aí eu resolvi parar de mentir, pois eu sei que isso é muito errado.

Mostrei a ela o Jonesy e contei o que ia fazer. Pense na bronca que levei, e na frente do gato, que ficou me olhando e só faltou rir da minha cara. Soltei ele e mamãe me fez prometer que deixaria ele em paz. Gato sortudo, mas da próxima vez ele não me escapa.

PENSE NUM CARA OBEDIENTE

Hoje, na EBD, aprendemos sobre um homem que é chamado de "pai da fé", o Abraão. A história dele é cheia de aventuras, de altos e baixos, mas ele sempre procurou ser bom e fiel a Deus. Só isso já fazia dele um cara especial. Ele teve um filho, chamado Isaque quando ele e sua mulher já eram bem velhos. Até aí, tudo bem, mas o bagulho ficou tenso quando Deus resolveu fazer um teste com ele, para ver se era obediente pra valer.

Meus cabelos ruivos arrepiaram quando a tia Daia falou qual era o teste. Deus simplesmente mandou Abraão pegar o filho dele, levar para um altar e sacrificar ele. Se você não se ligou ainda, sacrificar significa "finalizar ele", ou no popular... matar!

Todos na classe ficaram de boca aberta. Menos é claro a professora, que nos olhava com uma carinha de quem sabia o final da história. Mas eu achei que era o fim do Isaque!

Para pânico da geral, o Abraão mandou ver, obedeceu a Deus e levou seu filho numa pequena viagem para chegar ao lugar do sacrifício.

Chegou lá, arrumou as paradas, amarou o filho (pode isso?) e quando ia dar cabo da missão, um anjo mandou parar tudo e mudou o roteiro. Falou que não precisava mais "snick" o Isaque.

UFA!

Deus então deu os parabéns a Abraão por ele ser obediente e ainda prometeu que os seus descendentes seriam mais numerosos do que as estrelas do céu. Pense num final feliz!

Quando saímos da igreja, já dentro do carro, meu pai falou de um jeito meio estranho que queria falar a sós comigo um assunto muito importante. Cara, eu lembrei da história toda do Abraão e gelei na hora. E se Deus pediu uma prova de obediência para o meu pai e isso envolver euzinho? Ah não... não pode ser!

Quando chegamos em casa eu fiquei de olho no meu velho, tipo assim para ver se ele ia pegar uma faca na cozinha ou algo parecido. Quando ele me levou para fora de casa para conversar, eu já estava planejando como ia sair correndo, mas aí, para alegria desse que vos escreve, ele revelou o assunto secreto: faltava pouco tempo para o Dia das Mães e ele queria combinar comigo a treta do presente e da surpresa...

Meu, pode ter certeza, meu coração nunca mais será o mesmo depois de um susto desses!

VAN, MINHA LATA DE SARDINHA

Aqui estou eu, paradão em frente à minha casa, com minha mãe que tá conversando com a mãe da Aninha. Estamos esperando a tal da VAN que vai me levar para a escola. É mais um passo na instalação do novo regime militar aqui em casa. E tudo por causa do bebê que está vindo. Pensa em alguém que vai atrapalhar a minha vida!

Não demorou e ela apontou na esquina de casa. Branca com a faixa amarela escrito ESCOLAR. A porta da frente se abriu e desceu uma moça loira, sorridente, dizendo que seu nome era Márcia e que ela era a monitora da VAN, seja lá o que isso significa. Deu oi para mim e para as duas e disse para minha mãe ficar tranquila. Com certeza ela está bem tranquila, mas quem está em pânico sou eu!

A Márcia abriu a porta grande da VAN e lá estava uma pequena multidão sentada, todos me encarando e com cara de poucos amigos. Ela me mostrou o lugar onde eu deveria sentar e afivelar o meu cinto de segurança. A fileira tinha quatro poltronas e eu sentei na terceira.

Do meu lado esquerdo, estava uma menina morena com um cabelão muito maneiro. Ela abriu o sorrisão, estendeu a mão e me disse que seu nome era Ângela. Por que as meninas são sempre mais simpáticas que os meninos?

Do outro lado estava sentado um menino que nem olhou para mim, pois estava brincando com seu celular. Esse já conseguiu "dobrar" os seus pais, um dia também consigo.

Assim que a VAN partiu, eu quase morri de susto, pois todos que estavam ali dentro começaram a falar ao mesmo tempo, alguns até gritando. Na boa, pense em 12 crianças na maior gritaria dentro de um carro. Lembrei na hora de uma lata de sardinha, só que com barulho... e bota barulho nisso.

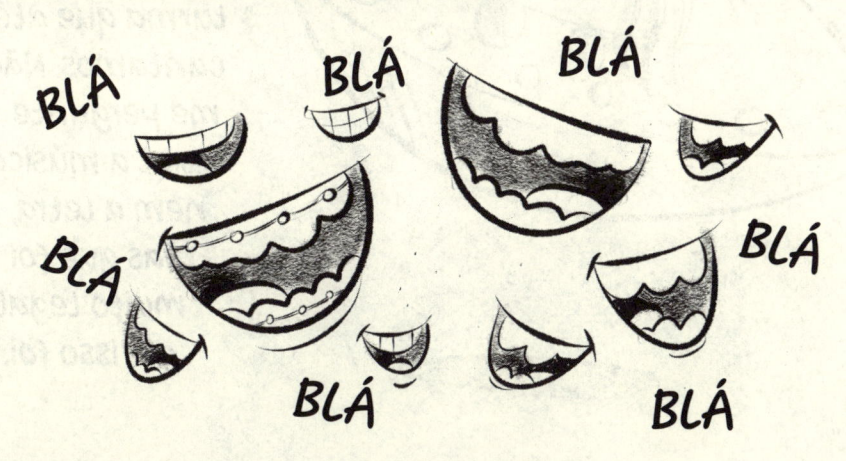

BLÁ BLÁ BLÁ BLÁ BLÁ BLÁ BLÁ

ELE NÃO É DESTE PLANETA

Encontrei o Davi logo na entrada da escola e falei para ele de como é chato vir de VAN. Ele perguntou o porquê, aí eu contei como é a turminha. Do alto (na realidade de baixo) de sua sabedoria, ele fulminou dizendo que eu só teria duas opções: Ficar lendo durante a viagem ignorando toda a bagunça e barulho ao meu lado, que era como ele fazia, ou participar com tudo da bagunça. Perguntei a ele como é que se faz para ficar tão concentrado ao ponto de não se incomodar com o barulho. Quando ele começou a querer me explicar o que era uma tal de "abstração", resolvi que eu iria mais era cair na bagunça com o pessoal da VAN. E não é que deu certo? Na volta para casa foi superdivertido, pois me entrosei tanto com a turma que até cantamos. Não me pergunte qual a música nem a letra, mas que foi muito legal, ah, isso foi.

SEXTA, SEMPRE NA SEXTA

Se fosse combinado, não daria tão certo assim. Toda sexta acontece alguma coisa diferente comigo, e hoje então, põe diferente nisso. Você lembra do Bruno, o brutamontes monossilábico que senta ao meu lado, na sala de aula, certo?

Pois bem, na hora do intervalo eu estava sentado sozinho, batendo o meu lanche quando chegou um menino bem mais velho que eu. O cara já chegou na violência mandando eu entregar o meu lanche. Encarei de frente e perguntei se ele tava maluco. Ainda bem que o banco onde eu estava sentado fica no jardim, pois com o chutão que levei, acabei esfregando o meu nariz na grama.

O cara já tava levando meu lanche quando escutei aquela voz inconfundível dizendo para ele devolver meu lanche. Era o Bruno. Quando o outro perguntou qual era, ele respondeu que eu era brow (amigo) dele, e que se não devolvesse meu lanche, levaria umas bifas (tapas). O bobalhão falou que queria ver isso acontecer. Foi tudo muito rápido, mas eu contei três bifas em sequência, um valentão sentado no chão e meu lanche de volta. O Bruno virou as costas enquanto eu ainda estava agradecendo, e só deu para ouvir ele soltando um sonoro "Frangão". Foi a declaração de amizade mais irada que eu já vi. Meu, euzinho agora era brow do Bruno, o destruidor... que massa!

OS VINGADORES RESOLVEM ATACAR

A reunião dos Vingadores no sábado teve de ser feita cedinho e teria de ser rápida, pois meus pais convocaram a mim e ao Marcos para arrumarmos nossas coisas no "novo quarto", ou seja, meu quarto agora dividido com o fedelho. Como o lance da Maria Arrasa Quarteirão foi muito estranho (e muito legal), chegamos à conclusão que naquela casa com certeza estava sendo tramado algum crime e, pela quantidade de gente, era um crime monumental (aprendi na aula de português). Invadir a casa e coletar as provas foi nossa decisão. Mas quando estávamos decidindo exatamente o que fazer, nossa reunião foi interrompida pelo vilão intergaláctico, meu pai. E como vilão é vilão, ele acabou com nossa reunião com um simples olhar de reprovação. Combinamos que no meio da próxima semana nos encontraríamos para decidir todos os detalhes da invasão da casa sinistra. Com certeza, o bicho vai pegar... nos aguardem!

MEU CASTELO INVADIDO

Você só sabe o valor da liberdade quando perde ela. Aprendi isso da forma mais dolorosa possível, dividindo o meu quarto com o fedelho do meu irmão. Assim que meu pai montou a cama beliche, começou a treta para decidir quem iria ocupar a cama de cima. Minha mãe interveio, e decidiu da forma mais sábia possível, dizendo que o filho primogênito teria o direito de escolha. Nada melhor do que a sabedoria e autoridade de uma mãe. Mas a minha alegria não durou muito não. Depois de um bom banho e uma janta, fomos inaugurar o quarto novo. A coisa começou meio atrapalhada, pois, como o quarto não é muito grande, nós ficamos nos esbarrando enquanto trocávamos de roupa para dormir. Cara, é muito estranho você ficar perto de alguém numa situação dessas. Então combinamos o seguinte: o Marcos fica na cama dele, que é a de baixo, enquanto eu me arrumo, depois eu subo no beliche e aí ele se arruma. E de quebra ele apaga a luz. Bem melhor assim.

PLANO DE INVASÃO

No meio da semana eu cheguei em casa e minha mãe me entregou um bilhete, que ela diz ser do Menhoca. Achei estranho, principalmente porque ele estava lacrado com mais ou menos umas 30 "grampeadas". Levei o maior tempão para conseguir tirar todos os grampos... o Menhoca é muito lesado mesmo.

Era a convocação para nossa reunião em que vamos decidir o que fazer com o pessoal da casa estranha.

Avisei minha mãe, e lá fui eu para a casa do Menhoca. Como sempre, por causa das minhas aulas à tarde, fui o último a chegar. A coisa já estava mais ou menos decidida, e o pessoal apenas queria saber se eu concordava.

O Menhoca descobriu que toda quarta-feira no início da noite, a família toda sai e fica mais ou menos umas duas horas fora.

O Goiaba, que estava sentado ao lado da janela avisou que eles haviam acabado de sair. Como assim, perguntei. Aí foi que eles me lembraram de que hoje era quarta-feira. Dito e feito, saiu a família inteira, bem como o Menhoca havia dito que aconteceria.

O plano audacioso era a gente invadir a casa e achar as provas de que eles eram criminosos. Do alto da minha sabedoria, eu perguntei como é que entraríamos na casa.

—Alguém tá pensando em arrombamento?

O Bigode então sacou do bolso uma chave de porta e me perguntou se eu lembrava de quem morou na casa antes da família estranha. É claro que eu lembrava do seu Geraldo e da dona Inês. Aí o Bigode falou que essa era a chave da porta dos fundos da casa, que a dona Inês havia dado a ele para que quando eles viajassem ele desse comida para a calopsita deles. Eles se mudaram, mas a chave ficou com o Bigode. Ficou todo mundo quieto quando eu falei que mesmo assim ainda seria um arrombamento. Quando o Goiaba falou que a gente entraria rápido e sairia mais rápido ainda, todos concordaram, inclusive eu.

Ficamos reunidos até que a família voltou, e foi mais ou menos duas horas mesmo. Fechamos então a questão de que na próxima semana, assim que eles saíssem, nós entraríamos lá.

Mas na real, estou com um frio na barriga, pois não acho nada legal invadir a casa de alguém assim. Mas pensando bem, se é para evitar um crime, compensa. Vai que a gente vira herói, né? Já posso ver as manchetes: "Vingadores, liderados pelo grande Sardinha, impedem crime". Uau!

GOSTEI DO JOSÉ

A tia Daia continua na vibe de contar a história dos grandes heróis da Bíblia. Hoje foi dia de saber da vida do tal José. Pensa numa família grande. Se eu tivesse aquela quantidade de irmãos, com certeza eu teria me dado muito mal. E não deu outra. Saquei que o José era tipo assim que nem o meu irmão Marcos; um xarope de nariz empinado que acha que só porque é o mais novo, tem direito a ser mimado.

Aí os irmãos dele resolveram baixar o topete do moleque e mandaram ver. Gostei da ideia de darem um corretivo nele e jogá-lo no poço. Tô pensando em aplicar a mesma tática com o Marcos.

Conforme a história ia avançando, eu percebi que ele agora só sofria. Vendido como escravo e levado para uma terra estranha, passou um bocado de perrengue. Aí Deus aliviou, descolando um trabalho onde ele virou um tipo de chefe na casa de um tal de Potifar (cada nome). Agora com a bênção de Deus, tudo corria às mil maravilhas até que... tcharam... entrou em cena a mulher de Potifar.

Como José era o tipo galã, bonitão etc. e tal, ela caiu de paixão por ele. Sem a menor cerimônia ela entrou numas de convidar ele para uns rolês.

Como ele não caiu nessa fria, ela dedurou ele como se tivesse sido atacada... e... Pah! Cadeia para o José! Longe de mim qualquer tipo de julgamento, mas veja bem, as coisas até que estavam de boas e aí apareceu de novo uma mulher... tô falando... tô avisando...

A tia Daia resolveu fazer suspense, pois como a história de José é meio compridona, ela vai contar o restante semana que vem. Não vejo a hora de ver o que rolou na cadeia!

CORAÇÃO MOLE

Hoje pedi para minha mãe dar uma reforçada no meu lanche. Ela perguntou se era fome e eu falei que mais ou menos. Depois fiquei pensando que seria mais legal eu ter contado tudo para ela... mas vai que ela não entende, como eu ficaria?

Na aula foi tudo de boas, e eu fiquei só esperando a hora do intervalo para colocar o meu plano em ação. Deixei a galera toda sair antes e depois fui bem devagar para o pátio. Não foi difícil encontrar o meu alvo, principalmente porque ele é enorme e está sempre sozinho. Sem pestanejar, sentei do lado dele e soltei o famoso:

—Aí brow!

Quando ele foi querer me xingar, peguei o sanduba a mais que minha mãe fez, e ela caprichou demais, e estendi tipo assim para ele pegar. O Bruno meio que se assustou, me olhou na cara e perguntou o que era aquilo. Respondi que era um sanduiche ultra-mega-power-top que minha mãe fazia com queijo, presunto e outras coisinhas deliciosas. Ele me interrompeu dizendo que não queria saber o sabor, mas sim, o porquê de eu querer dar o sanduba para ele.

Contei então que nunca ninguém tinha me defendido de algum aluno mais velho, que na outra escola volta e meia eu levava uns trancos perdendo lanche e algumas vezes até grana. E que eu havia ficado muito feliz quando ele salvou a mim e ao meu lanche na sexta, e eu queria retribuir isso, e ser amigo dele seria um privilégio.

Aí a conversa ficou tensa, pois ele me jogou na cara que não tinha amigos e não sentia necessidade de ter. Apontei novamente o sanduba para ele e falei que eu é que tinha necessidade de ser amigo dele. Falei assim na cara mesmo, na dura.

Aí o maluco olhou para mim, depois para o pão, depois para mim novamente e finalmente pegou o lanche. Enquanto ele abria (sim, minha mãe embala melhor que lanchonete) falou que como não tinha amigos não fazia a menor ideia de como era ter uma amizade. Eu como não perco a piada, perguntei a ele se ele tinha cachorro em casa e ele disse que sim.

Aí falei que ter um amigo era mais ou menos como ter um cachorro, só que com algumas vantagens. Ele, agora com a boca cheia me olhou e perguntou: "como assim?". Falei que a vantagem era que eu não latia e não fazia cocô na grama. O Bruno soltou uma gargalhada tão grande que voou até sanduba. Rimos um monte... acho que é o começo de uma amizade mesmo.

DIA DE INVASÃO

Finalmente nossa grande quarta-feira chegou! Os Vingadores vão invadir o quartel general da VICABA (VIzinhos com CAra de BAndido), a mais nova organização criminosa no mundo. Depois que vimos a Maria Arrasa Quarteirão, chegamos à conclusão que ela é a líder deles, só pode. Ela tem uma panca de poderosa que dá gosto de ver.

Como de costume, nos reunimos na casa do Menhoca, mas hoje nós dispensamos o lanche, pois não podemos ter nenhuma distração, e nossa ação terá de ser rápida e precisa.

Ficamos de tocaia esperando que eles fizessem como todas as semanas e saíssem todos juntos. Mal escureceu, e não deu outra, foi todo mundo embora. Esperamos alguns minutos, pois vai que algum deles esqueceu alguma coisa né, e fomos todos para a casa.

Abrir o portão e entrar foi moleza. Fomos direto para a parte dos fundos, e todos na expectativa para ver se a chave que o Bigode tinha ainda serviria na porta. Ele estava tão nervoso que deixou ela cair duas vezes. Aí a Aninha pegou e colocou ela na fechadura e... Tcharam, funcionou belezinha.

Abrimos e entramos bem devagarzinho, na pontinha dos pés e cuidando para não fazer nenhum tipo de barulho. O Menhoca ia na frente, segurando a lanterna e iluminando o caminho, e todos absolutamente quietinhos.

Como o meu sentido Sardinha começou a me incomodar, eu tentei falar com o pessoal para a gente abortar a missão, mas me mandaram parar de ser medroso e ficar quieto.

Aí rolou o primeiro estresse, quando de tão nervoso, o Goiaba soltou a maior bufa (pra quem não sabe, bufa=pum, ou se preferir, um peido). Primeiro foi o barulho, depois aquele fedor... meu, você não acredita a catinga que rolou. O Beto, que estava atrás dele chegou a tossir e teve ânsia de vômito. Foi uma chiadeira geral.

Depois do terror químico, passamos pela cozinha e fomos em direção ao que parecia ser a sala. Não sei os outros, mas eu confesso que estava quase me borrando nas calças de tanto medo. Quando passamos pela porta e entramos na sala, ouvimos um barulho e ficamos todos parados, feito estátuas. O Menhoca então, lentamente foi movendo a lanterna para os lados, para ver de onde vinha o barulho.

Quando a luz iluminou o sofá que estava bem do nosso lado, ele deu na cara do Jonesy que soltou um miado desesperado, e acho que o mundo inteiro escutou, e saiu pulando feito um condenado. O susto foi geral, e a gritaria também. Saiu todo mundo correndo e gritando para todas as direções. Acabamos batendo uns contra os outros, derrubando algumas coisas na sala que nem vimos o que era.

Quando ouvi o Menhoca gritar para irmos embora, não deu outra, saí correndo feito um desesperado. Quando cheguei no portão da frente, vi que estava todo mundo ali, alguns ainda chegando, mas todos mortinhos de susto. O Menhoca então falou que a missão estava cancelada, e que deveríamos ir cada um para sua casa, enquanto ele ia chavear a porta. E foi assim que fizemos.

Quando deitei na minha cama, meu coração parecia que ia saltar fora do peito. Definitivamente essa vida de herói não é para qualquer um. Fiquei chateado porque o meu sentido Sardinha me avisou bem antes, mas na hora da sala, nada. Vai ver que ele ficou quietinho por já conhecer o Jonesy. Pensa num gato que é um estorvo.

CONSCIÊNCIA PESADA

Minha mãe estranhou que eu passei a manhã toda dentro do meu quarto, e quando ela perguntou, eu meio que engambelei (meia verdade) ela, dizendo que eu estava estudando. Estudar... eu até que estudei, pois hoje tem uma prova de matemática, mas na verdade eu fiquei foi escondidinho para não dar de cara com os vizinhos da frente. Não tem como eles não notarem que alguém entrou na casa, pois nós ouvimos algumas coisas quebrarem na confusão com o Jonesy, tipo vaso ou algo parecido.

Após o almoço, enquanto esperava a VAN, fiquei olhando a casa que invadimos, mas parecia que tudo estava normal. Só o gato endiabrado, sentado em cima do muro, lambendo a pata da frente e me encarando, tipo assim, "eu sei o que você fez ontem à noite".

Na hora do intervalo, eu sentei no pátio junto com o Davi e, de tão preocupado que estava, acabei contando pra ele. Ele deu risada de nosso plano e falou que provavelmente a gente estava fazendo uma grande bobagem, que não fazia o menor sentido. Nem quando eu falei da Maria Arrasa Quarteirão ele se convenceu. Disse que o melhor que eu poderia fazer era contar tudo aos meus pais, pois era errado esconder isso, sem contar que era pecado. Eu tomei o maior susto quando ele falou isso. Perguntei se ele também era cristão, ao que ele respondeu sem pestanejar: —Sim!

Na hora, eu fiquei meio chateado por levar um esfrega de um amigo de escola, mas depois, pensando melhor, fiquei feliz em ter um amigo que é também amigo de Jesus e que me fala as coisas na cara, sem dó e sem piedade.

MINHA CULPA, MINHA MÁXIMA CULPA

Hoje eu não participei nem percebi a bagunça na VAN, pois fiquei o tempo todo pensando em como contar a verdade para meus pais. Acho que agora eu entendi o que significa a tal da abstração. Pensei em mil maneiras diferentes de como contar, e em todas eu queria escapar da vergonha e do castigo, mas não tinha jeito. O Davi mandou a real, e lembrei do que meus pais me ensinaram e de tudo que aprendi na igreja.

Isso mesmo, meu amigo Jesus é quem vai me dar forças para fazer o que é certo. Escolhi o jantar para me abrir com meus pais, pois é quando estamos todos reunidos e conversamos bastante. Quando minha mãe nos convocou para a arrumação geral pós-jantar, eu pedi para ela dar um tempo, pois eu tinha algo muito importante para contar.

Respirei fundo, estufei o peito e mandei ver, contando tudo em detalhes, desde a nossa desconfiança com os vizinhos, até a invasão que fizemos. Quando terminei, a cara dos meus pais era de um espanto que eu nunca tinha visto. Pelo jeito a coisa ia ficar preta para o meu lado. E ficou.

Meu pai me deu um baita de um sermão que começou com a vergonha que ele estava sentindo pelas coisas que eu fiz e terminou com um elogio da parte dele dizendo que ao menos eu tive a coragem de assumir o meu erro.

Quando eu já ia comemorar, achando que tinha escapado ileso, veio a condenação do tribunal, com sentença e tudo o que tinha direito.

Meus pais me explicaram que o meu erro, meu pecado, da parte deles, estava perdoado, mas que eu teria de acertar isso com as vítimas do meu erro, que eram os vizinhos. E depois disso, eu teria ainda uma punição em casa.

Só de pensar em encarar os vizinhos, cheguei a ter dor de barriga. Argumentei com meu pai, mas ele ficou durão e disse que os homens de bem resolviam as coisas dessa maneira, até mesmo porque a própria Bíblia ensinava assim. Fui dormir sem nem poder assistir meu programa favorito e ainda sabendo que no dia seguinte, pela manhã, teria de procurar os vizinhos e pagar o maior mico da história.

PARCELA EM 10 VEZES?

CONFESSIONÁRIO AO AR LIVRE

Foi eu terminar o café da manhã e minha mãe foi curta e direta, dizendo que agora eu deveria acertar as coisas com os vizinhos. Ela foi junto comigo, tocamos a campainha e lá veio a vizinha, sem dar nem ao menos um sorriso. Pensei comigo mesmo; isso aqui não vai acabar nada bem.

Depois de um "bom dia" gelado e um "pois, não" seco, minha mãe disse que eu tinha algo para contar a ela. A mulher estranhou, mas soltou um "sou toda ouvidos".

Eu comecei a minha explicação meio que gaguejando e olhando para o chão, mas minha mãe falou para eu olhar para a mulher. Quando eu meio que engatava na história, lá vinha minha mãe me corrigir.

Quando terminei, a mulher abriu um meio sorriso dizendo que era a coisa mais doida que ela já tinha ouvido, sobre eles serem criminosos ou algo assim.

Contou também que a Maria Arrasa Quarteirão era na verdade a sua filha mais velha e ela andava arrumada daquele jeito porque trabalhava como apresentadora de televisão num programa de moda. Seu nome era Valéria, mas exigia que todos a chamassem de Valery. Pensa só! E os tais homens de preto que estavam com ela era uma tal de equipe de produção.

A mulher, que se chamava Elvira, me desculpou e disse que não tinha problema algum, que isso era coisa de criança. Mas que eu teria de pedir desculpas também ao Adamastor, e ela foi chamar ele.

Eu fiquei pensando na cara que o marido dela iria fazer. Bem, para um sujeito que passa o dia inteiro em casa, fazendo sabe-se lá o quê, com certeza isso vai ser algo bem interresante.

Você pode não acreditar, mas a dona Elvira veio com aquele gato danado no colo e ficou com ele na minha frente. Aí ela falou que ele, o gato, de nome Adamastor, havia apanhado do marido dela porque eles achavam que tinha sido ele que tinha quebrado o vaso e feito a bagunça na sala. Eu pensei: que legal, o gato de 40 quilos se deu mal. Mas aí minha mãe me cutucou e eu tive de olhar para aquele saco de pulgas e soltar a frase mais burra da minha vida: "Desculpa aí Adamastor, foi mal você apanhar por minha causa".

Sério, eu queria me enterrar num buraco bem grande, melhor dizendo, num buraco enorme!.

O QUE É CERTO, É CERTO

Quando eu achei que meu suplício tinha acabado, minha mãe disse que eu deveria chamar toda a turma dos Vingadores e dizer que eles também deveriam ir lá na casa da Elvira para se desculpar.

Quando juntei a turma, foi uma chiadeira total. A maioria da galera não queria nem pensar em pagar um mico desses e, principalmente, não queriam que seus pais soubessem do que tinha acontecido. Contei então a eles de como eu havia ficado com a consciência pesada e como foi bom contar aos meus pais e me livrar do sentimento de culpa. O pessoal do "nada a ver" estava a pleno vapor, quando Aninha interrompeu o falatório e deu uma lição de moral em todos.

Ela concordou comigo e disse que os Vingadores sempre lutam pela verdade e pelo bem e que, se a gente tinha errado, deveríamos todos ir lá e acertar a situação, independentemente do custo para cada um.

E assim foi feito. Todos contaram os fatos aos seus pais e depois, todos juntos, foram lá conversar com a dona Elvira. Eu, da varanda da minha casa fiquei assistindo eles se desculparem com o Adamastor, que tinha tanto jeitão de safado que até parecia que entendia tudo o que se passava ali. Um dia desses eu ainda pego ele de jeito. A pior consequência dessa história foi que todos os pais concordaram que até nova ordem, os Vingadores estavam proibidos de se reunirem. Isso foi bem tenso, mas como bons filhos, todos nós obedecemos aos nossos pais, o que significa dizer que esse era o fim dos Vingadores, ao menos por enquanto, segundo eles.

SONHANDO NA CADEIA

Como agora estava oficialmente de castigo, sem TV e outras regalias, voltei para casa e fui remoer minhas mágoas no meu quarto. Olha pra cá, olha pra lá e... Pimba! Ví minha Bíblia de estudo e resolvi ler o resto da história de José. Vai que aprendo alguma coisa com a história dele, já que agora ele está preso injustamente. Mais ou menos como eu; preso numa escola nova, chutado do carro do pai para uma VAN e tendo que dividir meu quarto com o "sarnento" do meu irmão. A história de Jose é contada no livro de Gênesis do capítulo 37 até o final do livro.

Deus realmente amava o José, pois até na cadeia ele acabava se dando bem. Mas como?

Acho que, no fundo, ele tinha um bom coração e confiava em Deus. Acho que eu preciso fazer isso também.

Do nada, José começou a interpretar sonhos e ele não errava um. Até que um tempão depois o Faraó, que é tipo o rei dos egípcios, teve um sonho muito estranho com umas vacas magras e doidas que comiam todas as vacas gordas.

É, eu sei que isso é muito estranho, mas foi exatamente o que o cara sonhou. E pensa que parou por aí? Que nada! O sonho do rei era muito mais complicado, pois tinha uma segunda parte onde rolava mais lance do tipo "o que come o que".

Depois das vacas, no sonho dele aparecia umas espigas de milho que comiam outras espigas. Pensa na pira que foi isso!

Um copeiro, que ficou um tempo preso com José, lembrou que ele interpretava sonhos, e deu a dica para o Faraó. Chamaram ele e PAH, não deu outra, interpretou e falou que haveria tempo de fartura e depois tempos "magros", e que era para o rei ficar esperto. Faraó sacou que o bicho ia pegar, e vendo que José era amigão de Deus, deu a ele poder sobre todo o Egito. Até um anelzão cheio das coisas ele ganhou. Essa história é cumprida, e eu resolvi parar de ler por aqui.

De noite, eu não sonhei com vacas doidas nem com espigas de milho comilonas, mas que sonhei com um anelzão de ouro cheio dos poderes, ah, sonhei sim.

JOSÉ SALVOU O EGITO

No domingo pela manhã, a tia Daia gastou o maior tempão contando a segunda parte da história de José. Até chegar na parte do anelzão, eu respondi faceiro as perguntas que ela fez. Quando ela explicou certinho o sonho do Faraó eu entendi o tamanho da encrenca. José disse ao rei que eles teriam sete anos de fartura e depois chegaria um tempo de muita fome. José, muito esperto, fez o quê? Ensinou eles a guardar comida na época em que tava sobrando, para ter na época que faltaria. Tipo assim, fez uma poupança de grãos!

A fome foi tão grande que até os irmãos dele, aquele bando de traíras, foram até o Egito, que era o único lugar que tinha comida, para ver se descolavam alguma. Na hora que a tia Daia contou isso, eu pensei: agora é a hora de ele se vingar dessa turma, assim como eu planejo fazer com meu irmão Marcos, por causa da trairagem do cartaz colado na minha mochila, que deu aquele rolo todo no meu primeiro dia na escola nova.

APRENDI COM JOSÉ

A história é muito comprida, tanto assim que acabou levando vários domingos para ser contada, por isso vou dar uma resumida pra você. Depois de um monte de intrigas e vai-e-vem, José, todo emocionadão, revelou a seus irmãos quem ele era, pois os manés não tinham reconhecido ele. A situação ficou tão tensa que eles estavam achando que seriam terrivelmente castigados. Aí José mostrou a eles o amor de Deus na vida dele e perdoou os caras.

Enquanto a turma fazia um monte de perguntas para a tia Daia, eu fiquei pensando a maneira incrível como Deus faz as coisas. Se os irmãos de José não tivessem aprontado para cima dele, quem salvaria o Egito e os povos vizinhos da fome? Então assim; Deus transforma aquilo que achamos que é um problema, em uma solução, não somente para nós, mas para outras pessoas também. Saquei que devemos estar prontos para perdoar, por mais sacanas que os outros tenham sido com a gente.

Na hora do almoço, em casa, eu falei para meu irmão Marcos que eu o perdoava por causa do cartaz. Com a maior cara de inocente, ele perguntou de que cartaz eu estava falando. Quando disse que era o da mochila onde ele tinha escrito "Me chute", a resposta dele foi mortal: —Eu nem sei escrever ainda...

Eu quase engasguei com a comida. Como é que eu não pensei nisso antes? Se o pirralho está aprendendo as letras ainda, como é que ia escrever um bilhete?

Minha mãe olhou para o meu pai, que a essa altura ficou com cara de quem não estava entendendo nada.

—Eu não acredito que você fez isso! — Disse minha mãe com cara de brava, encarando ele.

Meu pai respirou fundo e sem vacilar deu uma bronca geral, perguntando como é que podiam pensar isso dele. Lembrou a todos que sempre nos incentivou a sermos cordiais e gentis com as outras pessoas e que ele desaprovava qualquer tipo de brincadeira que magoasse uma pessoa, ainda mais uma agressão física, por menor que fosse. Esse é meu pai!

—Mas se não foi ninguém daqui, quem foi então que escreveu o cartaz?

Com a habitual cara de sonso, o Marcos falou que achava que tinha sido o Goiaba. Meu pai perguntou por que ele achava isso, então ele falou que como o Goiaba havia pedido a ele para colar o cartaz na mochila, só poderia ter sido ele quem escreveu.

—E por que você colou o cartaz na mochila do seu irmão? — Perguntou minha mãe já de cara fechada para cima do pirralho.

A resposta do Marcos pegou meus pais de surpresa, pois eu jamais imaginei que um brother meu, um Vingador, pudesse ter uma ideia estúpida dessas.

—Ele me deu três barras de chocolate e disse para eu colar o cartaz na mochila do Lukas e não falar nada pra ninguém.

Enquanto respondia, ele percebeu que estava numa encrenca, tanto assim que no meio da frase já estava com cara de choro, olhos esbugalhados e cheios de lágrimas.

Meu pai então fez um longo sermão, onde mostrou para meu irmão que o que ele havia feito era errado, principalmente aceitar coisas de pessoas que não eram da família e sem contar para seus pais. A bronca foi grande, e entendi que meus pais, acima de tudo, ficaram preocupados pela ingenuidade do meu irmão.

No final, com a cara toda melequenta, ele veio me pedir perdão. Deu a maior dó do pirralho.

Dei um baita abraço apertado nele e na hora lembrei da história de José. Acho que ele também se sentiu assim, todo amoroso em relação a quem lhe tinha feito mal. Deus realmente mexe com o nosso coração, e tira dele a dureza e coloca uma dose extra de amor no lugar. Falando sério, eu amo esse pirralho, e foi legal acertar essa treta com ele!

QUE GOIABICE!

Mandei um recado para o Goiaba e marquei de conversar com ele em frente da minha casa. Ele chegou com a maior cara de inocentão. Aí eu perguntei a ele que ideia havia sido aquela do cartaz. Percebi que ele já havia esquecido da "Goiabice" que havia feito, pois ficou vermelho com um sorriso amarelo na cara.

Enquanto eu dava uma dura nele dizendo que tinha ficado chateado com meu irmãozinho, a Aninha chegou e perguntou o que tava rolando.

Depois que contei tudo, ela encarou o Goiaba e perguntou se ele nunca havia aprendido nada sobre "bullying". Ele respondeu que na escola havia falado algo sobre isso, mas que ele não havia dado muita importância.

Aí a Aninha pegou pesado, e disse que se ele tivesse prestado atenção jamais faria uma brincadeira desse tipo, principalmente quando eu estava mudando de escola etc. e tal.

O Goiaba derreteu de vergonha quando percebeu o tamanho da mancada que havia dado.

Olhou para mim com cara de arrependido e pediu desculpas, prometendo que jamais iria mancar comigo desse jeito novamente.

Demos um abraço de brother e ficamos de boas.

Gosto tanto de meus amigos que a raiva que eu estava sentindo foi embora. Acho que estou com síndrome de José, tipo assim perdoando todo mundo.

DENTES DE AÇO

Esta semana, minha mãe tirou para me atazanar com questões de saúde. Hoje vou na consulta com a Dra. Martina, minha dentista. Alguns amigos meus já reclamaram de levar broca nos dentes, anestesia e outras tragédias. Mas para mim sempre foi muito de boas, pois minha mãe me ensinou a escovar muito bem meus dentes, e eu não vacilo. Além do mais, a Dra. Martina é super legal, além de bonitona, ela usa um perfume que eu fico sentindo mesmo algumas horas depois que saio do consultório.

Estava tudo muito bom, estava tudo muito legal, até ela examinar uma radiografia dos meus dentes. Depois de um enigmático "hummm", ela chamou minha mãe para junto da tela onde aparecia a tal da radiografia e mostrou a ela sei lá o quê, mas a conversa terminou quando a Dra. disse para minha mãe que eu teria de usar aparelho nos dentes para corrigir um eu sei lá o quê.

Na hora eu lembrei do Pedrinho, um garoto da escola que usa aparelho nos dentes e a galera pega direto no pé dele. E vamos ser sinceros, aquela coisarada na boca, além de deixar a gente muito feio, deve incomodar um monte. Nunca achei que uma tragédia dessas fosse acontecer comigo!

Na hora, eu falei que não precisava por aparelho nenhum, que eu escovaria melhor os dentes e passaria mais fio dental.

Aí a dentista me explicou com toda paciência que isso não tinha nada a ver com escovação, que aliás eu estava de parabéns, mas que era uma questão de corrigir o crescimento dos meus dentes, que estavam meio assim, fora do eixo.

Como não adiantava nada pedir para não usar, enquanto minha mãe recebia as instruções, eu já imaginava como eu ficaria usando essa traquitana. Na real, um horror! Tô ferradaço!

POR UM TRIZ

Hoje fomos no Dr. Julio, o oftalmologista, no popular, oculista. Já estou considerando a possibilidade de dar tudo errado e eu ter que usar óculos. Aparelho nos dentes e óculos fundo de garrafa... meu, vou ficar muito bisonho. Ele fez uma porção de exames, onde eu tinha de encostar o rosto num aparelho e ler uma porção de letras, e elas iam ficando cada vez mais miudinhas. Um arrepio de medo subiu pela minha espinha quando ele soltou um fatídico "hummm", igualzinho a Dra. Martina. Aí eu pensei... agora foi-se o boi com a corda, vai ser óculos mesmo.

Perguntei se ia ser muito grande, e ele respondeu perguntando do que eu estava falando. Quando eu disse óculos, ele riu e disse que eu não precisava usar, pois minha vista estava ótima. Saí do consultório todo faceiro... um a um, o jogo está empatado.

DIA DAS MÃES

No sábado, meu pai revelou seu grande plano para o presente dos Dias das Mães. Na escola nós fizemos uma lembrança bem legal para nossas mães: um porta-retratos de madeira que nós montamos, sob a orientação da professora Bárbara. Só fiquei meio assim de ter de colocar uma foto do Marcos também, mas fazer o que, irmão mais velho tem dessas coisas.

Mas a ideia do meu pai era brutal! Fomos a uma joalheria e lá ele me mostrou um par de brincos supermaneiro que ele havia reservado para a minha mãe. Me senti o maior importantão quando ele me perguntou o que eu achava do brinco, e se eu gostasse, ele levaria. Meu, eu achei o brinco mó lindão, mesmo não entendendo muito dessas paradas. Aí ele comprou e fizeram um pacote de presente bem legal.

Saímos da joalheria e fomos direto para uma loja que vende as paradas para casa, tipo panelas e outras piras. Perguntei o que a gente ia comprar ali, e então ele respondeu que iríamos trolar a mãe. O plano era o seguinte: comprar uma panela qualquer, colar o estojo dos brincos dentro da panela e ficar quietinhos, só para ver a cara da mãe ao ganhar uma panela. Falei para meu pai que ele corria o risco de levar uma panelada, mas ele riu e disse que no final a mãe iria curtir muito o Dia das Mães.

PAPAI MALUQUINHO

Como é nossa tradição no Dia das Mães, meu pai, eu e o Marcos levantamos bem cedinho e preparamos um mega café especial para minha mãe. Levamos no quarto e acordamos ela dando os parabéns por ela ser a melhor mãe do mundo. Eu acho que ela é bem espertinha e já sabe que a gente prepara essas coisas, pois quando ela abriu os olhos toda felizona pela surpresa, ela estava toda lindona... na boa, acho que ela fingiu que tava dormindo só para não azedar nossa surpresa. Ela é ou não é uma supermãe?

O Marcos e eu demos as lembranças que fizemos na escola e depois, junto com meu pai, entregamos o pacotão de presente, onde estava a tal panelona. Depois de muito trabalho minha mãe conseguiu desembrulhar e quando viu o que era olhou séria para o meu pai e perguntou se era isso mesmo, uma panela?

Meu, ela não esboçou nem um sorrisinho quando tirou a panela da embalagem. Meu pai resolveu cutucar mais um pouco e falou que a gente gostava muito quando ela cozinhava etc. e tal. Pela cara da minha mãe, acho que não foi uma boa ideia não. Quando ela foi guardar, meu pai perguntou se ela não ia olhar a panela por dentro, pois tinha um tal de teflon, cheio de mil vantagens.

Meio a contragosto ela abriu a panela, e aí sim, a emoção tomou conta. Quando viu os brincos, um sorrisão se formou em seu rosto, seus olhos brilharam de felicidade e ela nos abraçou agradecendo a surpresa maravilhosa. Os brincos que meu pai comprou, além de muito bonitos, combinaram legal com o rosto lindo da minha mãe. Pra finalizar, o sem noção do meu pai ainda soltou um "uma joia para outra joia". Ele realmente não leva jeito para poesias... hua hua hua.

Assim nosso domingo foi muito especial, tendo a minha mãe como centro das atenções e do nosso amor.

SÓ DÁ EGITO NA PARADA

Com o pause na reunião dos Vingadores e a pressão da minha mãe para cima de mim, por causa da treta dos vizinhos, minha semana passou rapidinho, e me restou a alegria da EBD no domingo, que é onde eu gosto de aprender sobre a Bíblia.

A tia Daia agora começou outra história, e essa é meio que continuação da história de José, apesar de se passar muito tempo depois. A família de José cresceu tanto com o passar dos anos, que formaram um povo, uma grande multidão dentro do Egito. Entra rei sai rei, chegou um que não foi com a cara dos hebreus, que são os descendentes de José, e fez deles escravos.

E foi assim o maior tempão, eles construindo as coisas no Egito, levando chibata no lombo e clamando a Deus por socorro. Aí um dia, passado muito tempo, chegou um Faraó malvadão e mandou que as parteiras matassem todos os meninos que nascessem no povo hebreu.

Aí, na maior aventura, uma família salvou o seu bebê colocando ele num cesto preparado para flutuar no rio, e o cesto acabou chegando numa princesa egípcia que se apaixonou pela criança, assim ele acabou sendo criado no palácio do Faraó. O menino recebeu o nome de Moisés... e domingo que vem tem mais.

Essa história promete, pois eu sei que tem uns lances muito doido de umas pragas que Deus mandou pra cima dos egípcios fanfarrões para ver se eles se emendavam.

É MUITO RIM

Eu já contei pra você o quanto o Davi me surpreende com suas ideias e tiradas geniais, né? Aquela da aula da profe Bárbara ainda estava quente na memória, quando aconteceu novamente, e dessa vez a coisa foi feia, pois a profe Berenice não levou na esportiva.

Estávamos tendo aula de ciência e ela fazia uma porção de perguntas, a maioria de nós não sabia responder, mas isso não era o bastante para o Davi. Ela chegou junto à carteira dele e lascou a pergunta: "Quantos rins nós temos?". Quando o Davi respondeu "quatro", num primeiro momento toda sala ficou quieta, mas quando a profe riu, todo mundo caiu na gargalhada.

Colocando as mãos na cintura, ela encarou o Gnomo e foi tirar onda com a cara dele dizendo que ouvira falar que ele era muito inteligente etc. e tal, mas diante da resposta errada para uma pergunta tão simples, ela já não concordava com suas colegas professoras, pois ao que parecia, ele era um tolo. Ajeitando seus óculos, Davi ainda questionou a razão de ela achar que sua resposta estava errada, ao que ela respondeu que todo ser humano possuía apenas dois rins, ao que o Davi concordou.

—Percebeu então onde errou? — Perguntou ela.

Ele relembrou a professora que a pergunta dela havia sido "quantos rins nós temos". Assim, a resposta do baixinho foi mortal:

—Dois meus e dois seus, professora. E isso dá quatro.

Dessa vez a galera nem esperou a professora rir, pois eles caíram na gargalhada diante da malandragem dele. É claro que ela não riu e mandou ele direto para a sala da diretora.

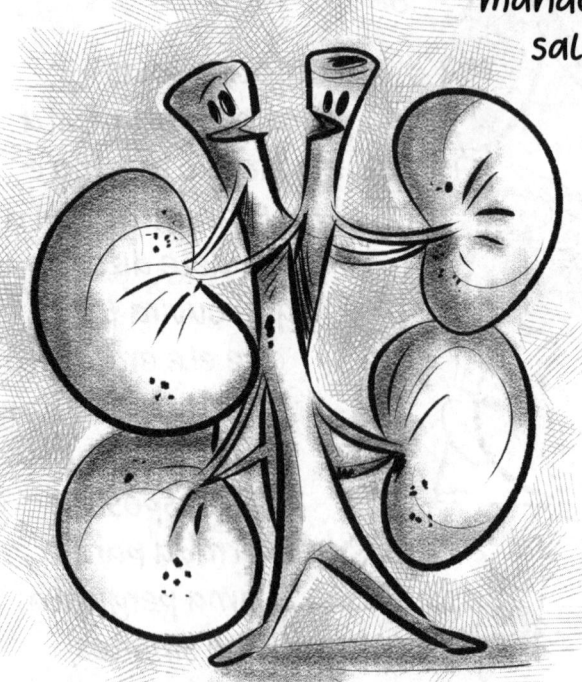

Mas as risadas continuaram, mesmo quando os dois saíram da sala em direção à diretoria. O baixinho é fogo na roupa.

QUANTA PRAGA

De noite, em casa, eu não aguentei de curiosidade e peguei a minha Bíblia e fui ler a continuação da história de Moisés. Acho que a tia Daia cria esse suspense todo de propósito, pois assim a gente vai de curioso vendo na Bíblia o que acontece, e não fique só escutando no domingo. Espertinha ela!

Enquanto estava lendo, lá no livro de Êxodo, eu lembrei que quando esse filme do Moisés passou na TV, o meu pai não deixou eu assistir, pois falou que ali tinha coisa que não era para criança. Toda vez que ele fala isso, ou tem cena de beijos e abraços, ou morre muita gente. Tadinho do meu pai, ele acha que eu ainda sou uma criança.

Mas que a história de Moisés é tensa, cheia de aventura, ah, isso é. Eu não entendi muito bem, espero que a tia Daia explique. Assim que ficou adulto, Moisés marcou bobeira e acabou matando um egípcio e teve de se mandar de lá, pois o Faraó tava a fim da cabeça dele. Aí virou pastorzão de ovelhas, casou e sossegou.

Mas aí, do nada, Deus apareceu para ele numa árvore em chamas e deu ordens para que ele voltasse ao Egito. Ele fez marra, mas acabou indo, junto com seu irmão.

Chegou lá e foi logo avisando que Deus, o maioral, queria que Seu povo fosse embora. Papo vem papo vai, o tal Faraó resolveu peitar a Deus, e deu no que deu.

Choveu tudo quanto é praga pra cima do Egito, castigando todo mundo, homens e animais. E você acha que o Faraó cedeu? Nada, quanto mais Moisés pedia a liberdade para o povo de Deus, mais o Faraó castigava o povo.

Aí, foi um tal de o rio Nilo virar em sangue, rãs invadirem a cidade, piolhos pegarem todo mundo, moscas pra tudo que é lado, morte dos rebanhos e assim por diante. Mas a coisa era tão tensa, que somente os egípcios é que sofriam com as pragas. O povo hebreu ficava numa boa, sem ser incomodado por nenhuma delas.

Faraó prometia liberar geral se a praga parasse. Deus parava, e o Faraó, velhaco que só, não liberava nadinha. Dá-lhe mais pragas: feridas pra cima de todo mundo, chuva de granizo, gafanhoto comendo tudo pela frente e finalmente trevas sobre todo o Egito. Trevas nesse caso era tipo assim como se o Sol tivesse apagado, e o dia virou noite total.

PEGOU PESADO

Mas aí a paciência de Deus zerou, e ele decretou que se Faraó continuasse durão na queda, todos os primogênitos do Egito morreriam. Pra você que não entende de Egito nem de outras paradas, primogênito é o filho mais velho, o primeiro a nascer. E aí deu no que deu. Faraó nem tchum pra Deus e a praga veio. Quando deu meia-noite, todos os primogênitos do Egito morreram. E não foi só gente não, até mesmo dos animais, o mais velho dançou. Só não morreu ninguém do povo hebreu, pois Moisés avisou a eles para marcarem o batente das portas com sangue de cordeiro (eca) para que quando a morte passasse, poupasse quem estava dentro da casa.

Vou parar por aqui e o resto eu vejo domingo na EBD. Confesso que me deu um aperto no coração só de pensar que existiu um rei tão malvado e teimoso que deixou muitos do seu povo morrer, só pra não dar o braço a torcer. No final, ele sofreu a mesma dor que o seu povo, pois seu filho mais velho também morreu. Tenso isso!

A GALERA NÃO SABIA NADAR

Só pra constar, no domingo a tia Daia terminou de contar a história de Moisés e o legal é que depois de todas as paradas que eu contei pra você, o malvadão do Faraó finalmente afrouxou e deixou o povo hebreu se mandar. Mas, como coisa ruim não nega a raça, ele teve uma recaída, juntou seu exército e foi atrás de Moisés e dos hebreus para matar geral.

Quando o povo chegou num tal de mar Vermelho, aí deu ruim, pois eles não tinham para onde fugir.

Pensa numa coisa doida... Moisés ergueu seu cajado e o mar se abriu, com água dos dois lados e um caminho de fuga no meio. Nem eu mesmo teria pensado num lance tão legal!

Eles atravessaram numa boa, e quando o Faraó e seu exército também estavam atravessando, o mar fechou em cima deles, e, PAH!, todo o exército egípcio morreu afogado. Não quero dizer nada não, mas estou achando que os egípcios nunca mais peitaram Deus, pois Ele literalmente mostrou quem é que manda no pedaço.

Enquanto voltava para casa com meus pais, eu fiquei pensando na cena das águas se separando e depois fechando... na boa... deve ter sido muito maneiro... menos para o mala do Faraó...

O APARELHO QUE APAVORA

Hoje pela manhã, a Aninha veio na minha casa e levamos o maior papo, o primeiro depois da treta dos vizinhos. Demos risada de nossa aventura e das ideias malucas.

Quando contei que eu teria de usar aparelho nos dentes, ela se assustou e me perguntou se eu sabia como era. Contei que conhecia o Pedrinho que usava um desses, e achava que o meu seria assim.

Ela contou de uma amiga que também usava e disse que além de feio incomodava muito, era chato de limpar, doía algumas vezes etc. e tal.

Cara, em poucos minutos a Aninha conseguiu me deixar tão apavorado, que, na hora do almoço, eu fui tentar negociar com minha mãe, para ver se dava para escapar dessa tortura. Com toda paciência do mundo, ela pegou o notebook dela e pesquisou na internet uma porção de coisas sobre os tais aparelhos ortodônticos. Ela me mostrou como essa coisa está cada vez mais evoluída e muito mais tranquila de usar.

Eu comecei até a concordar, mas aí ela deu o golpe fatal, me mostrando uma série de imagens de pessoas que tiveram problemas nos dentes e não usaram os aparelhos. Cara, é muito tenso, muito triste.

Saí da conversa decidido a usar o aparelho, pois não vou privar o mundo desse meu sorrisão contagiante.

FÉRIAS CHEGANDO

Sem que me desse conta, já estava chegando as férias de julho. Você lembra que no começo eu achava que a escola nova ia ser um inferno, né? Pois agora digo que até que está bem legal! Minha amizade com o Bruno tá rolando legal, já tenho uma porção de outros amigos e assim vou tocando a parada da escola.

O único tormento que continua é a dona Lourdes... essa nasceu para ser o meu pesadelo. Eu tirei notas excelentes em todas as matérias, mas em geografia, que é com ela, deu somente para ficar na média. Você pode nem ter notado, mas eu dou o maior valor para a educação, pois meus pais me mostraram que é somente através dos estudos que eu vou poder construir um futuro legal para mim. Eu ainda não consigo pensar muito bem sobre isso, mas sei que estudar é fundamental, então, vou que vou.

    Minha mãe tá numas de academia e de se cuidar para não engordar muito. Mas a barriga dela já está aumentando por causa da bebê. Ela está numas paradas de comprar coisas que ela chama de "enxoval" para a "sua menininha". Espero que esse entusiasmo dela pela primeira menina da família não signifique que Marcos e eu vamos ser postos de lado. Estou de olho nessa barriga invasora.

    Por falar em Marcos, eu e ele conseguimos organizar nosso quarto, apesar da bagunça. É feio eu me queixar de irmão mais novo, mas na boa, tem de ter um saco de paciência, pois essa garotada é muito lerda no raciocínio.

    Agora é só assistir os dois últimos dias de aulas e esperar as férias, que começam oficialmente na próxima segunda-feira.

FESTA NO INTERIOR

Hoje no jantar falei sobre a alegria de amanhã ser o último dia de aula, e depois... Férias. Eu ainda estava com o sorrisão na cara quando percebi que eles olharam um para o outro, deram um leve sorrisinho sem graça e tentaram disfarçar alguma coisa.

Apavorado perguntei o que se passava, se a gente não teria férias ou algo assim. Aí minha mãe falou que precisamos economizar grana para a chegada da bebê (sempre ela) e que nesse ano nossas férias de julho seriam mais "simplesinha", segundo as palavras do meu pai. Perguntei se isso significava ficar em casa, mas para minha alegria, meu pai falou que nós vamos visitar a nossa bisavó, que mora num sítio no interior. Bateu o maior alívio, mesmo eu não fazendo a menor ideia do que seja exatamente um sítio e de como vou me divertir lá. Mas com certeza é muito melhor do que ficar marcando toca aqui em casa, fazendo todos os dias as mesmas coisas.

DESPEDIDA GERAL

Foi só eu entrar na VAN nessa sexta-feira que já notei que o assunto do dia era a alegria por ser o último dia de aula. Tô falando que eu curto a sexta.

Na sala de aula nem tivemos matéria direito, até mesmo porque as notas já tinham sido fechadas, então o que rolou foi bastante bate-papo com as professoras.

Eu não quero parecer chato, mas ainda bem que não tivemos aula com a profe Lourdes, pois com toda certeza ela daria matéria normalmente. Pensa numa criatura sem alegria na vida!

Em compensação, tivemos duas aulas seguidas com a profe Bárbara (ai, ai, ai) e foi sensacional! O tema era livre e aproveitamos para matar nossa curiosidade sobre ela, que contou algumas coisas bem legais sobre a vida dela, das coisas que já tinha feito e gostava de fazer. Você acredita que até pular de paraquedas ela já pulou? Pense numa pessoa corajosa.

Bonita, inteligente e aventureira... essa profe é realmente um tipo especial de mulher.

Pra comemorar, eu levei novamente um lanche a mais e reparti com o Bruno. Até já estamos conseguindo conversar um pouco mais, mas, mesmo assim, de vez enquanto ainda sobra um "inútil" pro meu lado. Mas aí ele pede desculpas, dizendo que é força do hábito, e damos boas risadas juntos.

A galera queria fazer aquele lance de escrever o nome de todo mundo na camiseta de todos, mas aí alguém lembrou que isso só se faz no final do ano. Ainda bem que desistiram, senão com certeza ia sobrar bronca em casa pro meu lado.

Quando desci da VAN, mandei beijinho pra galera e entrei correndo em casa, e no meu quarto atirei a mochila com livros e cadernos para cima do armário e soltei um sonoro "Livre por duas semanas!".

O CABELUDO DANÇOU

Nesse último domingo antes das férias, a aula da tia Daia foi muito maneira e eu me diverti à beça, pois a história foi de um cara muito, mas muito louco, chamado Sansão. Tipo assim, o povo judeu precisava de ajuda contra uns caras maus, aí vinha essa ajuda através de algumas pessoas especiais, chamadas de "Juízes". Eles não eram tipo assim juiz de futebol ou algo parecido, eram, isso sim, heróis.

E Sansão, o herói da vez, era muito especial. Ele era o maior fortão e descia o braço em todo mundo. Não tinha pra ninguém! Derrotava os exércitos inimigos como se eles fossem de papel. A galera se pelava de medo dele, tamanha era a força do soco do cara. Na real, ele mandava muito bem.

Do jeito que a tia Daia contou, eu fiquei imaginando que ele era tipo assim um Super-Homem, só que todo estilizado, tipo cabeludão.

Teve até um lance onde ele matou um baita de um leão na unha... vê se pode uma coisa dessas!

Ele nunca tinha cortado o cabelo, pois Deus falou que se ele ficasse com o cabelo grande, sempre teria força. Mas aí deu ruim. Ele se apaixonou por uma mulher, tipo assim lindona, chamada Dalila.

Tava tudo muito legal, até os inimigos dele convencerem ela para descobrir o segredo da força dele, para poderem se vingar. A lindona foi lá e perguntou a ele. Por várias vezes ele zoou com ela, inventando umas mentiras sobre o assunto. Mas aí, no maior vacilo, não é que ele contou? Falou para ela que sem cabelo, sem força. A megera mandou então que cortassem o cabelão dele enquanto ele dormia. Quando acordou, PAH! Ele ficou fraco e tomou a maior surra. A história termina com ele prisioneiro e derrubando um big de um templo, matando todos os inimigos que estavam lá dentro e morrendo junto.

A professora então perguntou: que lição vocês aprenderam com a história do Sansão?

Eu fiquei quietinho, na minha, mas não deu certo.

—Me diga Lukas, o que você aprendeu com essa história? — Perguntou a tia Daia, sem dó nem piedade.

—Que a gente não deve confiar em mulher bonita?

—Não, Lukas! na verdade Sansão foi abençoado por Deus, mas deveria fazer escolhas certas, e foi nisso que ele errou, desobedecendo e sofrendo por causa de seus erros… —, explicou a tia Daia, para alívio das meninas bonitas da sala, que já me olhavam com cara feia.

Na hora eu entendi, e pensei que também tenho de cuidar com as escolhas que faço. Se você quiser conferir a história do Sansão, ela tá escrita na Bíblia no livro de Juízes a partir do capítulo 13. Vai lá, tenho certeza que você vai gostar, pois tem até uma charada na história.

BISA, LÁ VAMOS NÓS!

As férias de julho são mais curtas, somente duas semanas, mas dá para descansar um pouco da escola. Principalmente este ano, que com todas as mudanças pelas quais passei, foi tenso, como você bem sabe.

    Arrumamos as malas e fomos visitar a minha bisavó que mora no interior. Levamos até o Rusty junto. Com certeza, ela vai gostar de vê-lo novamente, pois foi ela quem o batizou, quando esteve há alguns anos em nossa casa.

Perguntei ao meu pai o que exatamente significava ela ser minha bisavó. Ele começou uma conversa estranha sobre uma tal de "genealogia" e eu não entendi nadinha. Minha mãe sacou que eu estava boiando e aí pediu para que meu pai falasse de forma simples. Aí ele falou que ela era a mãe da mãe dele. Isso quase deu um nó na minha cabeça, mas pensei comigo mesmo que poderia ser pior: ela poderia ser mãe da mãe da minha mãe.

Quando meu pai falou que ela morava no interior, eu imaginei uma cidade no interior. Mas que nada, ela mora num sítio que fica bem longe de uma cidadezinha perdida sabe Deus lá onde.

Foram muitas horas de viagem, tanto que o Rusty e eu dormimos, e o pulguento babou na minha blusa. O mala do Marcos ficava perguntando a cada instante se faltava muito. Por pouco, mas muito pouco mesmo eu não joguei ele para fora do carro.

UMA ESTRADA NO BURACO

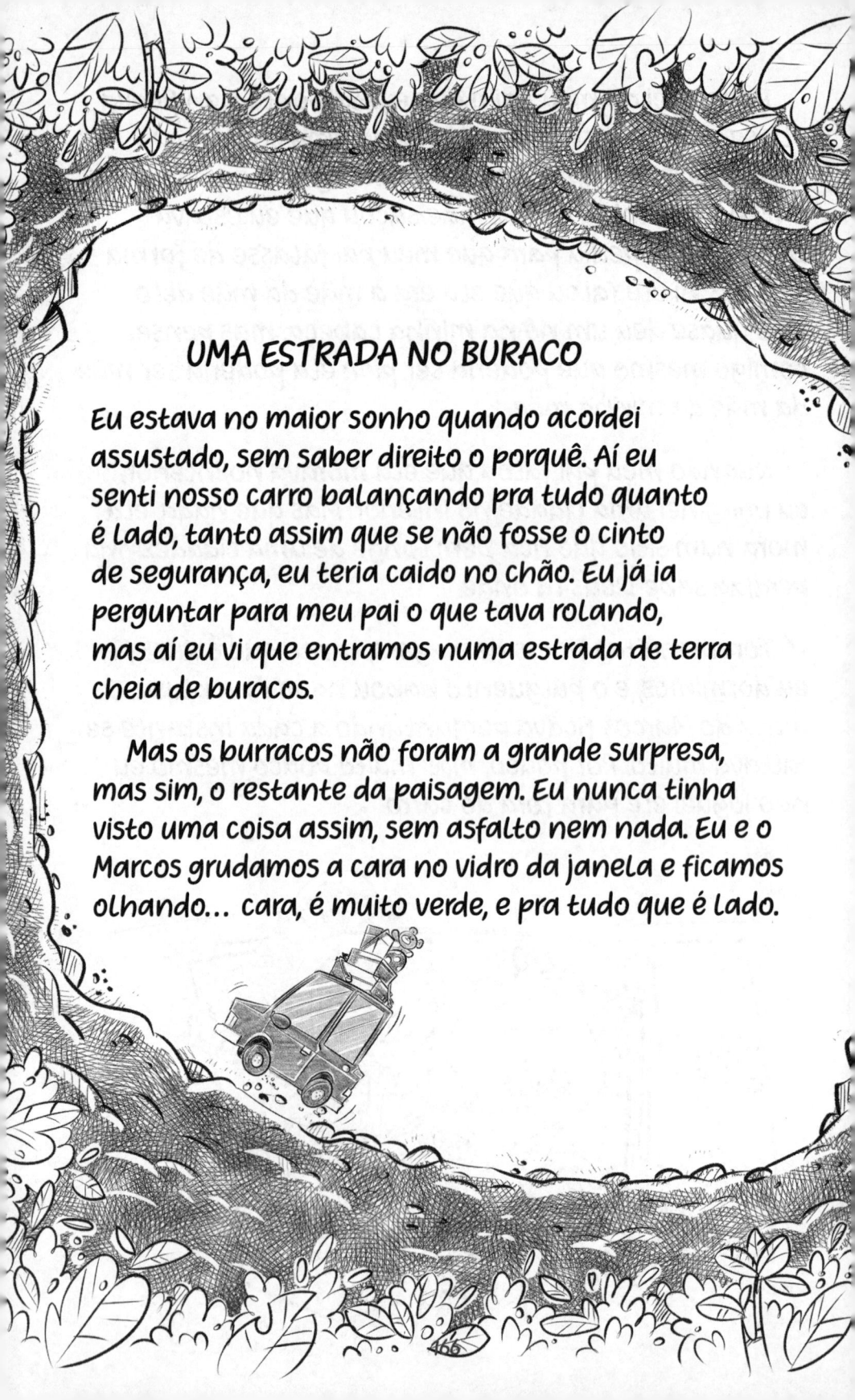

Eu estava no maior sonho quando acordei assustado, sem saber direito o porquê. Aí eu senti nosso carro balançando pra tudo quanto é lado, tanto assim que se não fosse o cinto de segurança, eu teria caido no chão. Eu já ia perguntar para meu pai o que tava rolando, mas aí eu vi que entramos numa estrada de terra cheia de buracos.

Mas os burracos não foram a grande surpresa, mas sim, o restante da paisagem. Eu nunca tinha visto uma coisa assim, sem asfalto nem nada. Eu e o Marcos grudamos a cara no vidro da janela e ficamos olhando... cara, é muito verde, e pra tudo que é lado.

A PONTE DO RIO QUE CAI

Do nada apareceu do nosso lado direito um rio e enquanto o carro avançava, ele ficava cada vez maior. Pense no tanto de água... e água limpinha, parecia até que vinha de alguma torneira. Aí chegamos numa ponte que cruzava o rio. Você deve estar pensando: grande coisa, uma ponte! Meu pai freou o carro e ficou encarando ela, que era estreita, feita de madeira, sem proteção dos lados. Parecia o cenário de filme do "Indiana Jones". Tipo assim, se meu pai vacilasse, o carro caia no rio. Meu estômago gelou. Falei para meu pai não ir, mas ele deu uma risada e falou: calma garoto, aqui são décadas de experiência!

Fechei os olhos e baixinho apelei para o único que podia nos ajudar numa hora dessas; sim, só Deus para impedir que meu pai fizesse uma barbeiragem. Depois de uns pequenos solavancos, minha mãe, que ficou muda o tempo todo, desde que viu a ponte, avisou que já podíamos abrir os olhos. Ufa! Obrigado Deus! Essa realmente foi por pouco, muito pouco!

AS VACAS

O Rusty até que estava quietão, pois nunca tinha feito uma viagem tão longa assim. Aí, do nada, grudou a cara na janela e começou a latir feito um desesperado. Quando olhei... meu, que coisa mais bizarra!

Vacas, vacas e mais vacas... vacas que não acabavam mais. Meu pai parou o carro e nos levou para junto da cerca para a gente ver melhor esses bichos. Eu fui contar quantas tinham ali e parei em 50. Parei porque percebi que ficaria o dia todo contando e não chegaria ao fim. Parecia até ser uma invasão de vacas.

Tinha de todo tipo; pequenas e grandes, com chifre e sem. Vi muitos filhotes e meu pai me ensinou que o nome correto é bezerro. Legal!

MEU BIFE TÁ MUGINDO!

Tem coisas que um adulto não deveria jamais contar para uma criança, pois a coisa é assim meio que traumática. Meu pai sempre foi campeão em falar o que não devia.

Teve uma na vez que minha mãe perguntou se o cabelo dela estava bonito e ele respondeu que não. Foram três dias de escuridão sobre a face da Terra até ela perdoar ele. Aqui entre nós... o cabelo tava feio demais. Dessa vez, a vítima fui eu, pois enquanto eu alisava as costas de uma vaca enorme que estava pastando do nosso lado, meu pai soltou a frase que acabou com meu dia.

—Tá alisando o seu bife aí, amigão?

Não era hora do almoço e como não entendi a pergunta tosca, fiz a besteira de perguntar o que ele queria dizer com isso... que arrependimento!

Sem dó nem piedade ele mandou ver:

—De onde você acha quem vem o bife que você come no almoço?

Na teoria, eu sabia que a carne que comemos vem dos animais, mas como eu nunca tinha visto uma vaca ao vivo e a cores, isso foi muito estranho. Eu olhei para a vaca e ela olhou para mim. Acho que ela lê pensamento...

Me senti assim meio que um assassino ao pensar que aquela vaca um dia iria virar um bife. Eu, o pequeno Lukas, um predador malvado, ao melhor estilo T-Rex.

Acho que nunca mais vou comer um bife! Fiquei meio deprê com essa história, mas assim que seguimos viagem, me distraí com a paisagem. Viajamos mais um tempo pela estrada poeirenta até que chegamos num portão grande e bonito, que minha mãe me explicou que era a "porteira" da entrada do sítio da Bisa. Quando fui ler o que estava escrito na placa, caí na risada. Você não vai acreditar, mas o nome que estava lá era "Sítio do Picapau Amarelo".

Pode um negócio desses?

Meu pai não entendeu muito bem o porquê de eu estar rindo tanto. Quando ele perguntou o motivo de tanta alegria, tive de dar uma pequena aula de literatura para ele.

Disse que estava rindo, pois o nome que estava na placa era o mesmo do sítio de uma história infantil escrita por Monteiro Lobato, e ele respondeu que isso ele já sabia.

Aí eu disparei: —E por que esse nome então?

Minha mãe, toda orgulhosa por eu saber sobre Monteiro Lobato, perguntou se eu lembrava quem era o dono do sítio no livro, e eu respondi que era a dona Benta. Aí meu pai fez a revelação mais escalafobética do dia:

— Pois é, o nome da Bisa também é Benta, por isso ela batizou o sítio assim.

Caraca! Quem no mundo se chama Benta, a não ser a minha bisavó?

PENSE NUMA BISA FELIZ

A recepção no sítio não poderia ser melhor. A Bisa veio faceira ao nosso encontro, chacoalhando sua bengala. Faz o maior tempão que ela não anda sem a famigerada "Chiquinha". Cara, a velha é o maior perigo com aquela bengala na mão. Junto veio a minha tia Vera, que é neta dela e mora junto, tipo assim, para cuidar dela. Ainda bem que ela é minha tia e não a minha prima. Já pensou? Prima Vera... ka ka ka (Tá, foi sem graça!).

Foi uma sessão de beijos, abraços e apertos de bochecha no Marcos e em mim. Apesar de ver a Bisa muito pouco, eu gosto muito dela. A primeira coisa que a minha mãe contou para ela foi que estava esperando um bebê, e que seria uma menina. Na hora, a Bisa abraçou minha mãe de novo e questionou para quando era. Para o final do ano, foi a resposta da minha mãe. Quando a Bisa perguntou se já tinham escolhido um nome, me deu o maior gelo, pois achei que ela ia sugerir o nome de Benta. Já pensou? Ainda bem que minha mãe disse que já tinham escolhido, mas que por enquanto era segredo.

Quando entramos, lá estava uma mesa enorme preparada para a gente comer. Pense na alegria!

As comidas num sítio são um tanto quanto diferentes do que na cidade. O primeiro espanto veio pela quantidade de pratos diferentes, e o segundo, com a grande porção de comida em cada um deles. Na nossa casa normalmente rola um feijão com arroz, massa, carne, legumes e salada. Mas na casa da Bisa, não sei se é só quando tem visita, mas o cardápio era de fazer inveja a restaurantes. As saladas pareciam mais uma fotografia de uma horta, de tanta variedade que tinha. Carnes, que eu me lembre eu vi três tipos diferentes. Quando eu vi os bifes, lembrei da vaca na entrada, a que eu fiz cafuné, e pensei comigo que seria melhor deixar para lá.

Perguntei então à Bisa o que era um outro prato de carne que parecia ser frango, mas eu sabia que não era. Ela então me explicou que era um pato recheado.

—Pato? — Perguntei espantado.

Meu pai, que já estava beliscando nos pratos, ao ouvir minha pergunta se virou, e ainda com comida na boca mandou ver novamente o seu famoso besteirol:

—É Lukas, um pato... igualzinho ao Pato Donald.

Ainda bem que eu ainda não estava comendo, senão com certeza eu teria engasgado.

A Bisa ainda completou dizendo que eu não deveria me preocupar, pois tanto o pato como a costelinha de porco, o outro prato, eram produzidos ali mesmo no sítio.

Ah bom... fiquei mais tranquilo.

UM CAMPO DE EXTERMÍNIO

Depois de tirar um cochilo após o almoço, eu resolvi fazer uma expedição pela área central do sítio. A casa era realmente muito grande, com muitos quartos e salas. As paredes eram cheias de retratos de pessoas da família, tão antigos, que alguns eram em preto e branco, alguns até meio desbotados.

Saindo pelo pátio fui até uma cerca branca, bonita, que separava uma outra parte do sítio. Aí foi que eu percebi que o sítio na realidade não era somente a casa central e a construção ao lado. Do outro lado da cerca é que estava a maior parte da propriedade.

Quando entrei lá eu dei de cara com um homem que parecia trabalhar ali. Ele veio conversar comigo e descobri que o nome dele era Jair, e ele era um dos ajudantes no sítio.

Ele estava segurando um balde e com a outra mão jogava um tipo de ração para a bicharada que veio correndo ao encontro dele. Meu... tinha de tudo... galinhas, patos, porquinhos e...

Heim? Na hora eu lembrei de que a Bisa tinha falado em "produzidos". Me bateu o maior gelo!

Em vez de ficar quieto e vazar dali, eu perguntei para o senhor Jair para que eles criavam tantos animais naquele cercado.

—Ora menino, isso é para o nosso consumo aqui mesmo, e o que sobra, a gente vende.

Fala sério! Na real, eu estava dentro de um campo de concentração, e aquela bicharada toda um dia iria para a panela. Eu estava cercado de comida viva!

Acho que eu prefiro viver na cidade, pois lá eu não fico vendo os hambúrgeres andando na rua, nem as pizzas correndo de um lado para o outro. Tenso isso aqui... muito tenso!

A BISA SABE TUDO

No almoço do segundo dia que estávamos no sítio, acho que minha Bisa percebeu que eu estava tendo problemas em relação aos animais que iam parar na panela. Ela foi direto ao assunto e me perguntou o que eu estava sentindo a respeito. Eu disse a ela que sempre comi carne sem problema, mas que nunca tinha pensado que ela vinha dos bichos, pois para mim, vinha tudo do pacote.

Ela me deu um abraço bem forte e gostoso e disse que me entendia, que quando tinha minha idade também sentiu essas coisas. Ela então pediu que eu apanhasse a Bíblia dela, que estava ao lado da poltrona. Abriu no comecinho e me chamou para seu lado e leu um pedaço da história do Noé. Depois do dilúvio, Deus abençoou ele e sua família e disse que a partir daquele momento eles poderiam também se alimentar dos animais.

Depois de ler e fechar a Bíblia, ela me disse que a cadeia alimentar, onde um dependia de outro para sobreviver foi instituída por Deus, e era a ordem natural das coisas. Falou também que deveríamos respeitar os animais, mesmo os que nos serviriam de alimento. Gostei da conversa com a Bisa, pois entendi melhor como funciona a natureza. O papo foi parecido com o da nossa professora de ciências, mas gostei mais como a Bisa explicou. Talvez tenha sido o abraço. Não falei nada para ela, mas o único animal que não entra na minha lista de respeito é o Jonesy. Ainda pego aquele gato endiabrado! Mas o Rusty, ahhh esse é meu amigão!

CUIDANDO DA BICHARADA

Os poucos dias que ficamos no sítio da Bisa passaram muito rápido, mas foram muito, muito legais. O meu irmão Marcos não curtiu muito e ficava o tempo todo perto da minha mãe. Eu fiquei muito curioso em saber como funcionava o dia a dia lá. Aí o Jair me ensinou a tratar todos os animais, e isso significa providenciar tudo o que eles precisam, como água, comida, remédios e ajeitar o lugar onde eles passam o dia e onde dormem à noite.

No começo, eu estranhei um pouco os cheiros, mas depois você acostuma. As galinhas, patos e outras aves até que nem cheiram muito, mas os porcos... meu amigo... o primeiro dia que fui ajudar a limpar o chiqueiro foi muito tenso. Véio, aquilo fede demais! Pior que isso só mesmo o peido que o Goiaba soltou na casa estranha. Mas depois de limpos, até que os bichos são bem dóceis. Ainda bem que as vacas fazem as suas necessidades no pasto e a gente não precisa limpar! Você não faz ideia do tamanho da obra que elas fazem!

    Quando fui conhecer o galinheiro, o Jair me mostrou um galo, mas pense num galo grande. Com um pouco de milho na mão ele chamou, e o bichão veio para junto da gente, e fiquei passando a mão nele. Quando o Jair me falou o nome dele, eu dei risada. Era Sansão. Rindo, falei para o galo ficar longe das galinhas bonitonas, pois era uma tremenda fria!

FIM DAS FÉRIAS

Como as férias de julho são curtinhas, tivemos de voltar logo. A Bisa encheu nosso carro com tudo quanto é coisa do sítio, ficou parecendo um carro de feira. Depois de nos encher de beijos, ela me fez prometer que nas próximas férias de janeiro eu voltaria e ficaria mais tempo. Falei para ela que era certeza que eu iria. E lá fomos nós, de volta para a civilização. Se bem que eu fiquei com a impressão de que o mundo seria um lugar muito mais legal se nas cidades a gente pudesse viver com a tranquilidade que o pessoal do campo tem.

183

COISAS QUE EU APRENDI QUANDO AINDA NÃO ERA TARDE DEMAIS!

- Fique sempre atento quando seus pais começarem a ter ideias estranhas de te mudar de escola.

- Cuide com muito carinho do seu animal de estimação.

- Não procure a Deus somente na hora do aperto.

- Sempre verifique sua mochila e suas costas, pois algum engraçadinho pode ter colado algo ali.

- Faça amigos na escola, até mesmo com os mais estranhos. Você nunca sabe quando precisará deles.

- Valorize seus professores, são eles que vão te ensinar algumas das coisas mais importantes da vida.

- Leia as histórias da Bíblia, pois mesmo que já tenha passado muito tempo, os temas são atuais.

- Irmãos são como jogos de vídeogame. O problema é passar de fase sem dar game over.

- Dentistas e oftalmologistas podem virar o seu mundo de ponta-cabeça

- O Sítio do PicaPau Amarelo existe, eu estive lá.

- Você é o que você come.

- Se você tem avós, curta eles o quanto puder, pois os idosos são jovens que deram certo. E eles amam de paixão seus netinhos (nós).